D1722614

kawe 8 verlag
Ulm 2005
www.kawe8.de

ISBN 3-9810137-0-0

Begegnungen

mit Pippo Pollina

Stefan Loeffler

Der Ulmer Journalist, 41, hat den sizilianischen Cantautore Pippo Pollina bei einem Gastspiel in seiner Heimatstadt kennengelernt. Das war im Jahr 1993. Dieser ersten Begegnung folgten in den darauffolgenden zwölf Jahren noch unzählige weitere freundschaftliche Treffen in Deutschland, Österreich, in Italien oder in der Schweiz, der Wahlheimat des 1985 aus Sizilien ausgewanderten Sängers.

Ob beim Besuch eines total verregneten Konzerts von Pippo Pollina in einer alten Tempelanlage bei Trier, beim gemeinsamen Spaziergang durch das dunkle Palermo, am sonnigen Strand von Mondello, beim Treffen mit dem ehemaligen Kulturbeauftragten der Stadt Zürich, bei einer Begegnung mit vielen Elefanten oder bei einer Podiumsdiskussion in einem alten Gut in Umbrien: Immer war der Notizblock des Autors dabei. Das Resultat sind die folgenden 19 Begegnungen, die den Menschen Pippo Pollina einmal ganz bewusst außerhalb des Rampenlichts zeigen.

Was hat er, der Pippo?

Immer wenn er bei unserer „Uferlos"-Tournee als Gastsänger die Bühne betrat, gerieten einige geradezu in Verzückung. Vor allem die Mädchen. Es war eine halbe Stunde Pippo-Fieber angesagt, man wollte ihn nicht mehr von der Bühne lassen. Das war nicht immer leicht für uns, wollten wir doch unser Programm zu Ende spielen. Andererseits war ich auch ein bisschen stolz, denn ich hatte ihn für das deutsche Publikum „entdeckt". Und Pippo war schon damals perfekt. Sein Auftritt ließ vermuten – wie groß die Säle auch waren – er hätte sein Leben lang schon vor so großem Publikum gesungen. Er braucht keine Show, keine platten Witzchen, nur sich selbst und seine Stimme.

Und natürlich seine wunderschönen Songs.

Vielleicht hat man ja immer ein bisschen das Gefühl, ihn in den Arm nehmen zu wollen, so zart und zerbrechlich wirkt er anfangs. Wenn er dann singt, nimmt er uns in den Arm. Vor allem mit seinen Balladen. Die höre ich am liebsten. Es ist aufregend, ihn mit Band zu erleben, aber er braucht keine Band.

Und das ist das größte Kompliment, das man einem cantautore machen kann: Seine Songs faszinieren auch a cappella. Oder mit der akustischen Gitarre begleitet.

Weil sie ehrlich sind. Ohne Schnickschnack und Bluff. Pippo Pollina ist ein kluger Mann. Für ihn ist sicherlich alles nichts ohne Musik, aber Musik ist für ihn auch nicht alles.

Dazu ist er politisch zu interessiert, zu engagiert im humanistischen Sinn. Er ist – und jeder Künstler sollte das sein – ein Anwalt der Unterdrückten und der an den Rand der Gesellschaft gestellten Menschen.

„Questa nuova realtà" – dringender als je zuvor brauchen wir eine neue Wirklichkeit, angesichts einer Gesellschaft, die dem freien Wettbewerb und dem „Markt" jeden Anstand und jedes Mitgefühl opfert. Dieses Lied haben wir zwei „Südländer" zusammen erträumt, der Bayer und der Sizilianer, und der Geist dieses Liedes wird uns weiter über Grenzen hinaus verbinden:

„Freunde, rücken wir zusammen,
denn es züngeln schon die Flammen,
und die Dummheit macht sich wieder einmal breit.
Laßt uns miteinander reden,
und umarmen wir jetzt jeden,
der uns braucht in dieser bitterkalten Zeit."

Konstantin Wecker

Eine neue Wirklichkeit

Der Weg zum Interview mit Konstantin Wecker – und damit auch zu meiner ersten Begegnung mit Pippo Pollina – führt an schiefen Stuhltürmen, aufeinander gestapelten Bühnenelementen und einem alten Konzertflügel vorbei.

Es ist der 9. Mai 1993. Zwei Stunden vor Beginn des „Uferlos"-Konzertes im Soziokulturellen Zentrum Roxy in der Ulmer Donaubastion schlage ich mir mit Weckers Managerin gewissermaßen eine „Schneise" durch den düsteren Lagerraum, der direkt neben der zu diesem Zeitpunkt noch menschenleeren Konzerthalle liegt. Eine schmale und steile Holztreppe führt am Ende des Raumes zum Garderobenbereich der Künstler hinauf. Hier oben warten die Musiker der Band geduldig auf ihren Auftritt. Ich sehe den Keyboarder Jo Barnikel und den Schlagzeuger Wolfgang Haffner, die miteinander plaudern. Das sind Musiker, deren Gesichter ich in den vergangenen Jahren schon einmal auf irgendeiner Bühne gesehen habe und deren Namen bekannt sind. Und, quasi aus dem Augenwinkel heraus, erkenne ich auch den bekannten Jazz-Saxofonisten Charlie Mariano, der auf einem Sofa sitzt und in ein Gespräch mit einem jungen Mann vertieft ist. Aber wer ist das denn? Diesen jungen Mann mit den langen schwarzen Haaren, die ihm beim Sprechen immer wieder ins Gesicht fallen, habe ich noch nie gesehen.

Konstantin Wecker lehnt an einem Tisch in seiner Garderobe und erwartet mich bereits zum Gespräch für die Lokalzeitung. Wir setzen uns und sprechen zuerst über seinen Roman „Uferlos", der in diesem Jahr, wenige Wochen vor der Konzerttournee, auf den Markt gekommen ist. Das Buch beschreibt die ersten Erfahrungen eines jungen Mannes mit Kokain. Es ist ein autobiografischer Roman und natürlich ist dieser junge Mann der Mann, der mir in diesem Augenblick hier in der Garderobe des Roxy gegenüber sitzt. Wir sprechen auch über seine neue CD und sein aktuelles Bühnenprogramm, das Konstantin Wecker ebenso „Uferlos" genannt hat. Er erzählt mir, dass er für diese Show, die er in den kommenden Wochen nicht nur in Deutschland, sondern auch in einigen Städten in Österreich und in der Schweiz präsentieren wird, einen jungen Musiker aus Sizilien eingeladen hat und sagt lachend: „Es ist wohl die Zeit gekommen, in der ich mich um meinen eigenen Nachwuchs kümmern muss." Er buchstabiert mir den Namen dieses Mannes ganz langsam in mein Notizbuch:

P i p p o P o l l i n a.

Ich hatte bis zu diesem Augenblick noch nichts von diesem Musiker gehört. Und dabei ging es mir wohl ähnlich wie vielen anderen Menschen hier in Deutschland.

Nach dem Gespräch führt mich die Managerin direkt zum Eingang hinter der Bühne. Ich sichere mir einen Platz in einer der vorderen Reihen und warte gespannt auf den Konzertbeginn und auf den Auftritt dieses unbekannten Gastmusikers.

Das Konzert ist etwa eine Stunde alt. Konstantin Wecker singt gerade „Ich singe, weil ich ein Lied hab`" als Pippo an den Bühnenrand tritt. Er trägt ein weißes Hemd, Jeans und hat schulterlanges schwarzes Haar, er übernimmt die zweite Strophe des Liedes in spanischer Sprache. Nach dem Lied stellt ihn Konstantin Wecker dem Publikum vor: „Das ist Pippo Pollina. Seine Mutter stammt aus Spanien, er selbst kommt aus Sizilien, er lebt in der Schweiz und wir unterhalten uns auf bayerisch. Er ist also quasi ein multikulturelles Ereignis in sich."

Zum nächsten Lied, das Pippo allein singt, setzt er sich mit seiner Gitarre auf einen Barhocker, legt die Hand über die Augenbrauen, um seine Augen vor dem gleißenden Scheinwerferlicht zu schützen und fragt: „Wer spricht hier im Saal alles italienisch?" Mit dem Finger deutend sucht er das Publikum ab: „Uno, duo, tre... Ah, nicht sehr viele. Ich glaube, Konstantin, du musst die Gäste hier alle einmal in die Toskana zu einem Italienisch-Kurs einladen. Das wird aber teuer." Dann: „Ich habe nicht genau gewusst, was ich heute abend spielen soll. Also dachte ich an eine Improvisation. Doch Improvisationen sind zu typisch für Deutschland. Also dachte ich mir, lieber nicht. Lieber spiele ich ein Liebeslied."

Pippo entscheidet sich für „Amici di ieri" (Freunde von früher). Es ist nur ein kurzer Auftritt. Doch in diesen wenigen Minuten überzeugt er die Zuhörer mit seiner Stimme. Ein langanhaltender Applaus begleitet ihn, als er die Bühne verlässt. Später kommt er noch einmal zurück, um mit Konstantin Wecker im Duett „Terra" (Erde) und „Questa nouva realta" zu singen, das Lied, das sie gemeinsam vor einigen Monaten in München geschrieben haben. Übersetzt heißt es „Neue Wirklichkeit" und handelt von dem ewig lauernden Wahnsinn des Faschismus in Deutschland und Italien. Das Lied besteht aus einem deutschen und einem italienischen Teil. Pippo singt seinen Part in seiner Heimatsprache. Übersetzt lauten die Zeilen:

„Sag mir bloß nicht, dass es schon spät ist
In den Straßen schließen die Cafes
Vielleicht hat dich ja deine Frau verlassen
Aber, was soll's
Diese Welt dreht sich schnell
Und sowieso ist alles purer Wahnsinn
Denn von Berlin bis Rom kehrt der Faschismus zurück.
Wenn es Abend wird, nehmen wir uns bei der Hand
Zu den Lichtern des Sonnenaufgangs wird er uns tragen
Lass uns alles von Herzen tun, lass das Herz sprechen
Lass dies zur neuen Wirklichkeit werden."

1993 war das Jahr, in dem Pippo Pollina durch die Tournee mit Konstantin Wecker viele Menschen auf sich und seine Musik aufmerksam machen konnte. Abend für Abend. Stadt für Stadt. Es war das Jahr, in dem sich der Kern einer Anhängerschaft gebildet hat, die ihm bis heute treu ist – und die stetig größer wird. 1985 hat der Sizilianer seine Heimat, sein Elternhaus und seine Freunde verlassen und sich aufgemacht, als Straßenmusiker die verschiedenen Länder Europas kennenzulernen. Acht Jahre später steht er bereits mit einem bekannten Künstler wie Konstantin Wecker auf der Bühne. Und so war das Jahr 1993 auch ein Jahr, in dem für den Cantautore aus Europas tiefem Süden so etwas wie eine „neue Wirklichkeit" begann.

Léo

Zürich. Irgendwo im Zentrum. Ich blicke zum Fenster hinaus und denke mir, wenn die Bäume hier links am Ende der Straße nicht stünden, könnte man sogar den See erkennen, der nur einige Schritte von hier entfernt liegt. Pippo sitzt schräg hinter mir in seinem Wohnzimmer am schwarzen Flügel und spielt eine neue Melodie. Eine Klangfolge, an der er im Moment für seine neue CD arbeitet. Er blickt über das Musikinstrument zu mir herüber und sagt: „Weißt du, für mich ist eine Melodie wie ein Wunder, wie eine göttliche Vision, die alle Geheimnisse der Welt in sich trägt." Er spielt erneut einige Takte und ich frage ihn: „Wo und wie schreibst du eigentlich deine Lieder?" Er lächelt: „Lieder schreibe ich überall, denn die Kreativität hat ihre ganz eigenen Gesetze. ‚Finnegan`s Wake' von der CD ‚Rossocuore' ist mir zum Beispiel im Supermarkt eingefallen. Ich bin nach dem Einkaufen sofort mit der Straßenbahn hierher nach Hause gefahren und habe mich an den Flügel gesetzt. Du wirst es kaum glauben, aber nach wenigen Minuten war das Lied fertig." „Welche eigenen Gesetze?" frage ich nach. Und er antwortet: „Eine neue Melodie schwebt in der Luft. Und wenn du sie hörst, wo immer du dich auch gerade befindest, dann musst du versuchen, dieses kleine Stückchen Luft an dich zu nehmen und zu behalten. Wenn du das nicht tust, dann fliegt die Melodie wieder weg und wird wieder vergessen. Du musst sie also ganz schnell irgendwo auf Band aufnehmen oder sie immer und immer wieder spielen und singen. Dann bleibt sie bei dir."

„Und wie ist das mit den Texten?" frage ich. „In den meisten Fällen entstehen bei mir Text und Melodie zur gleichen Zeit", erwidert Pippo, der jetzt wieder beginnt, die neue Melodie zu spielen. Er blickt zu mir auf und meint: „Dieses Lied hier wird einen französischen Text haben. Weißt du eigentlich, weshalb ich nicht nur in italienisch singe, sondern manchmal auch Textzeilen in deutscher Sprache in meine Lieder einbaue? Mit Konstantin habe ich das zum Beispiel bei ‚Questa nouva realta' gemacht oder auch bei ‚Due di due'?" Ohne meine Antwort abzuwarten, erklärt er: „Das liegt daran, dass ich sehr, sehr oft in deutschsprachigen Ländern auftrete. Auch hier in der Schweiz, wo ich viele Konzerte gebe, spricht man ja deutsch. Mein Leben ist schon sehr eingefärbt mit deutschen Ausdrücken. Aber ich liebe auch die südamerikanische Kultur. Viele Freunde von mir kommen aus Argentinien. Die südamerikanischen Sprachen und die Musik dieses Kontinents ziehen mich an und haben meine Musik von Anfang an geprägt. Am wenigsten Beziehung habe ich jedoch zur englischen Sprache. Trotzdem findet man auch hiervon einige Sätze in meinen Liedern, zum Beispiel in ‚In Compagnia di Mr. Hyde' oder eben im gerade erwähnten ‚Finnegan`s Wake'. Es ist komisch, aber es passiert eben." Pippo schlägt erneut einige Akkorde auf den Tasten seines Flügels an und erzählt weiter: „Aber ganz besonders liebe ich die französische Kultur, die mich in meiner Kindheit und Jugend sehr stark geprägt hat."

Pippos Kindheit und Jugend. Das war eine Zeit, die in aller erster Linie von einem schweren Unfall geprägt war. Der junge Palermitaner war im Jahre 1969 gerade einmal sechs Jahre alt, als er beim Ballspielen auf der Straße vor seinem Elternhaus von einem Auto erfasst wurde. Die Folgen dieses Zusammenstoßes – Pippo war für einige Tage bewusstlos – waren etliche schwere Knochenbrüche und ein Augenleiden, welches Pippo noch heute sehr quält. Viele Jahre musste er auf die Spiele mit den Nachbarkindern oder auf das Baden im Meer verzichten und verbrachte den Großteil seiner Kindheit und Jugend in den elterlichen vier Wänden. Er war zwar nicht einsam, aber Bücher und Lieder gehörten damals wohl zu seinen besten Freunden. In diesen Jahren entdeckte der junge Sizilianer auch die Liebe zur französischen Kultur: „Film, Malerei, Musik, Philosophie. Dies alles hat für mich in früheren Jahren eine zentrale Rolle gespielt. Als Jugendlicher habe ich Romane von französischen Schriftstellern gelesen und mich mit den philosophischen Lehren von Charles Baron de Montesquieu und Francois-Marie Voltaire befasst. Und mich haben Liedermacher, wie Jacques Brel oder Georges Moustaki beeindruckt." Doch die Lieder und Texte eines Musikers haben es Pippo ganz besonders angetan: „Léo Ferré war für mich der Inbegriff dieser französischen Kultur. Er hat philosophische Inhalte in Gedichtform gebracht und gesungen. Seine Art war einmalig, nicht zu vergleichen mit den anderen. Er war skurril, aber nie vulgär." Bei dieser Begegnung mit Pippo in seiner Zürcher Wohnung spüre ich, wie gerne er diesem verehrten Vorbild einmal persönlich gegenüber gesessen hätte. Vielleicht auch nur für ein paar Minuten? Doch dazu kam es nicht, denn der französische Künstler starb im Jahr 1993. Zu dieser Zeit war Pippo gerade mit Konstantin Wecker auf der „Uferlos"-Tournee durch Deutschland unterwegs. Nun sitzt er hier an seinem schwarzen Flügel und erzählt mir: „Ich habe am Frankfurter Flughafen von seinem Tod erfahren. Es war für mich eine unglaublich schmerzliche Nachricht."

Der Franzose starb im Alter von 80 Jahren, doch für Pippo kam dieser Tod auch in diesem hohen Alter viel zu früh. Deshalb hat Pippo Léo Ferré das Lied „Leo" gewidmet, das 1995 auf der CD „Dodici Lettere d'Amore" (Zwölf Liebesbriefe) erscheint. In dem Lied heißt es:

„An den Messern deiner Lästerungen
Werden wir uns sicher verletzen.
Die Trauben deiner Lese
Werden uns um den Verstand bringen.
Steig aus diesem Bett, Leo!
Es ist noch nicht Zeit zu verschwinden.
Sei verflucht, Leo!"

Zwei Jahre nach dem Tod von Léo Ferré traf Pippo durch Zufall einen anderen großen Künstler, dessen Lieder er schon seit seiner Jugend kennt: Georges Moustaki. 1995 spielten beide auf den „Troubadour"-Open Air-Festivals in Graz, Regensburg und Dresden, bei denen auch Konstantin Wecker, Jose Feliciano und Angelo Branduardi auftraten. In seiner Erinnerung sieht Pippo, wie Georges Moustaki vor dem ersten Konzert ins Hotel kommt und in die Runde der anwesenden Musiker fragt: „Ich weiß, dass ein italienischer Liedermacher da ist. Wer ist es?" Pippo meldet sich: „Das bin ich. Freut mich, Georges."

Und dieser antwortete sofort: „Freut mich ebenfalls, Pippo. Endlich kann ich wieder einmal italienisch sprechen, ich liebe die italienische Sprache." So haben sich Pippo und Georges kennengelernt und sind Freunde geworden. Der Sizilianer, der die französische Sprache liebt und der Grieche, der mit französischen Chansons berühmt geworden ist und so gerne italienisch spricht.

Pippo erzählt mir weiter, dass er einige Monate nach dem ersten Treffen von Georges Moustaki nach Paris eingeladen wurde. Noch heute ist er mächtig beeindruckt: „Er wohnt in einem großen Appartementhaus in einer vornehmen Gegend, mitten in der Stadt. Von seinem Fenster aus hatte man einen wunderbaren Blick auf Notre Dame. Es war die Wohnung eines großen Ästheten. Ich erinnere mich, wie er eines Tages ganz in Weiß gekleidet an seinem weißen Flügel saß und spielte. Abends haben wir mit Freunden über Literatur diskutiert und Ping Pong gespielt."

Während dieses Besuches, so erzählt Pippo, habe er seinen Gastgeber auch einmal über Léo Ferré befragt. Natürlich kannte Georges Moustaki ihn. Doch Pippo spürte bei diesem Thema eine gewisse Reserviertheit bei seinem französischen Freund: „Ich glaube, es war ihm wohl nicht so recht, dass ich mit ihm über Léo Ferré sprechen wollte und mich nicht ausschließlich für ihn und seine Arbeit interessierte. Er ist, wie wohl viele Künstler, ein Egomane." Pippo lacht, als er dies sagt und fügt spitzbübisch hinzu: „Auch ich bin einer. Doch ich versuche nicht zu übertreiben." Pippo hatte bei seinem Besuch in der französischen Hauptstadt noch eine weitere Bitte im Gepäck. Er wollte, dass Georges Moustaki für ihn den Text des Liedes „Leo" aus der italienischen

Sprache ins Französische übersetzt. Diese Bitte fand allerdings sehr schnell Gehör und so setzten Pippo und Georges Moustaki gemeinsam dem verstorbenen Musikerkollegen ein musikalisches Denkmal. Und auch heute noch singt Pippo in seinen Konzerten dieses Lied mit den Worten:

„Komm aus diesem Zimmer, Leo
Denn noch ist nicht Zeit zu schweigen.
Es kann gar nicht genug Leben geben, Leo,
dass du es dir so entwischen lässt."

Aufgehende Sonne im Regen

Von Trier nach Rom. Für diese Strecke waren Reisende im Römischen Reich oftmals bis zu einem ganzen Monat unterwegs. Das kann man sich heute überhaupt nicht mehr vorstellen, oder? Viele von den Menschen damals, die sich auf die über 1000 Kilometer lange Reise gemacht hatten, machten damals im Tempelbezirk „Tabernae" auf dem Metzenberg bei Konz Halt. Hier baten sie Merkur, den Gott des Gewerbes, des Handels und des Verkehrs um eine unbeschwerte Reise ins ferne Italien. Doch im Jahre 392 n. Chr. war damit Schluss. Denn in diesem Jahr verbot Kaiser Theodosius die Ausübung heidnischer Kulte. In der Folge wurde die Tempelanlage nach und nach zerstört. Heute dauert die Reise von Rheinland-Pfalz nach Rom nicht mehr so lange. Und statt Tempelanlagen gibt es Autobahnraststätten. Die Menschen kommen in den 1986 wieder aufgebauten Tempel bei Konz auch nicht mehr, um einem Gott zu huldigen, sondern um historische Römerfeste zu feiern und Konzerte zu erleben. Pippo spielt 1998 im Rahmen seiner „Il Giorno del Falco"-Open Air-Tour in dem etwa zehn Kilometer südwestlich von Trier gelegenen Areal. Vor ihm tritt die deutsche Liedermacherin und Chansonnette Pe Werner mit einem neuen Kabarett-

Programm auf. Einen Kontakt zwischen den Künstlern gibt es jedoch weder vor noch nach den Auftritten. Während Pe Werner sich auch bis kurz vor ihrem Gig gar nicht auf dem Gelände blicken lässt, sind Pippo und seine Musiker schon Stunden vorher in der Tempelanlage und mischen sich unters Publikum. Das ist typisch Pippo, der immer den Kontakt zu den Menschen sucht. Doch so schön die alte Anlage auch ist, der Abend hat einen Haken: Es ist kalt und regnet pausenlos. Und noch etwas anderes ist an diesem Abend alles andere als in Ordnung. Die „Garderobe" von Pippos Band, in der diese immer wieder vor dem Regen Schutz sucht, ist in einem kleinen Steinbau untergebracht, einem Teilgebäude der historischen Tempelanlage. Die Einrichtung hätte früher nicht karger sein können. In dem winzigen Raum stehen vier Stühle und ein Tisch, auf dem eine Schale mit etwas Obst, Wurst und Käse steht. Man fühlt sich hier wie in einem Loch. Und zwar in einem Loch ohne Licht, in dem man mit einsetzender Dunkelheit sehr schnell die eigene Hand vor Augen nicht mehr erkennen kann. So warten die Musiker bei wirklich widrigen Verhältnissen auf ihren Auftritt.

Es ist eine nasskalte, beklemmende Situation, die mir, dem mitgereisten Gast der Truppe, schnell klar macht, wie schwierig es manchmal sein kann, als Musiker auf Tour zu sein. Stundenlanges Warten, manchmal ohne Licht und ohne Heizung. Und doch darf die Qualität der Darbietung niemals leiden. Ich frage mich, verliert man da nicht manchmal die Lust, ein Konzert zu geben? Fühlt man sich als Künstler nicht hin und wieder verulkt und nicht ganz ernst genommen? Doch das sind Fragen, die man sich als Musiker wahrscheinlich nicht stellen darf, denn die Konzertbesucher vor der Bühne haben das Recht auf einen schönen Abend. Zudem wissen die Besucher ja in aller Regel auch nicht, ob der Künstler da oben auf der Bühne die vergangenen drei Nächte nicht im Bett war, ihn Zahnschmerzen plagen oder ob er eben noch in einem dunklen unterkühlten Raum saß. Und sie werden es bei einem Pippo Pollina-Konzert auch nicht spüren. Dafür lege ich als treuer Gast unzähliger Auftritte von Pippo getrost meine Hand ins Feuer. Was Pippo ausmacht, ist seine extrem hohe Professionalität. Diese hat sich in all den Jahren, von der Gründung der sizilianischen Band „Agricantus" über zahlreiche Jahre als Straßenmusiker in ganz Europa bis hin zum etablierten und reifen Bühnenkünstler entwickelt. Gepaart mit seiner ausgeprägten Disziplin wirkt sie sich immer auch auf seine Musiker aus. An diesem Abend sagt er zu mir: „Bei manchen Konzerten schalte ich einfach den Autopilot ein, der dann singt und spricht. Und im Kopf ist man dann schon beim nächsten Morgen. Das ist aber nur selten so. Denn ich habe wie alle Musiker den Anspruch, dass mir die Menschen konzentriert zuhören und ich sie nicht enttäusche." Und bevor er auf die Bühne steigt, fügt er noch ganz ernsthaft hinzu: „Das ist doch schließlich mein Beruf. Damit verdiene ich mein Geld."

Pippo hat seinen Beruf gelernt und beherrscht ihn nahezu perfekt. Auch an diesem unwirtlichen Abend in Konz gelingt es ihm, die Zuhörer mit seiner Musik zu verzaubern. Und so vergessen diese zumindest für die Dauer seines Konzertes die Dunkelheit und Kälte, die über der historischen Tempelanlage liegen. In einer Lokalzeitung ist zwei Tage später zu lesen: „Die Sonne ging auf, als Pippo kam. Der gebürtige Sizilianer Pippo Pollina ließ in der Tempelanlage schnell vergessen, welche enttäu-schende Vorstellung den weniger als 300 Besuchern zuvor bei strömendem Regen aufgetischt worden war: Die als Top-Act angekündigte Sängerin Pe Werner. Ihre ‚Nacht voller Seligkeit' war eher ein Reinfall ... Lebens-freude und Begeisterung kamen hingegen bei dem unscheinbaren Pippo Pollina und seiner Band wie von selbst auf: Seine Songs sorgten für einen versöhnlichen Abschluss. Dafür sorgten vor allem poetische Texte, die das Leben schrieb und die auch einen politischen und gesellschaftskritischen Anspruch nicht entbehren. ... Und so blieb die Erkenntnis: In einer traumhaften Open-Air-Kulisse mit gutem Sound entpuppte sich der Geheimtipp als Entdeckung."

Kurz vor Mitternacht verlassen die Besucher das Kon-zertgelände und steigen zu Fuß hinab nach Konz. Die rekonstruierten Mauern der Anlage hinter ihnen sind nur noch schemenhaft im Wald zu erkennen. Keiner der Fortströmenden kann sich in der Dunkelheit mehr vor-stellen, wie es hier in der Zeit des Römischen Reiches ausgesehen hat. Würden sie es versuchen, müssten sie wohl feststellen, dass kein Mensch, der hier vor 2000 Jahren auf seinem Weg nach Italien Gott Merkur hul-digte, je geglaubt hätte, dass hier einmal ein italienischer Musiker mit seiner Stimme die Menschen verzaubern würde.

Lieder auf dem Fluss

Langsam senkt sich die Sonne über die Basler Altstadt. Es sieht so aus, als ob es nicht mehr lange dauert, bis sie von den Häusern auf der gegenüberliegenden Seite des Rheines für eine weitere Nacht in sanfte Obhut genommen wird. Doch noch schickt sie an diesem Augustabend des Jahres 2002 wärmende, orangerote Strahlen auf die Uferpromenade herüber. Grüppchenweise sitzt auf dieser Seite ein buntes Völkchen auf der Balustrade oder auf der zum Fluss hinab geneigten Kaimauer. Ein optimaler Tribünenplatz mit bestem Blick auf die Konzertbühne, die kaum merkbar im Strom wiegt. Festgezurrt mit dicken Seilen liegt sie nur wenige Meter vom Ufer entfernt, nur mit einem Fährkahn erreichbar, der heftig schaukelnd Musiker und Techniker hin und her befördert.

Viele der prächtig gelaunten Besucher haben ihre eigene Flasche Rotwein mitgebracht und ein am Ufer sitzendes Pärchen stochert kichernd und voller Genuss Gurken und Tomatenscheiben aus einer mitgebrachten Salatschüssel. Andere winken zum Fluss hinab, auf dem sich eine Gruppe Jugendlicher die Fluten hinabtreiben lässt. Keiner der Anwesenden gibt dem nahenden Herbst auch nur den Hauch einer Chance. Nicht heute und nicht hier. Ich stehe hinter dem Tontechniker, der sein Mischpult am Ufer aufgebaut hat und denke mir: Was für ein wunderschöner Ort und was für eine romantische Atmosphäre für ein Pippo Pollina-Konzert. Beim Anblick all dieser gut gelaunten und erwartungsfrohen Menschen bekomme ich das Gefühl, dass alle in diesem Moment nur eines möchten: Mit den Liedern von Pippo Pollina diesen grandiosen Sommer ins Endlose verlängern. Was für eine schöne Vision!

Doch noch sind es gut zwei Stunden bis zum Konzert. Im Moment stimmen die Musiker beim Soundcheck ihre Instrumente mit dem Tontechniker ab, der von hier aus Klang, Zusammenspiel und Lautstärke regelt. Es ist ein besonderes Konzert, denn das „Palermo Acoustic Quartett", bestehend aus Antonello Messina (Akkordeon, Bandoneon), Enzo Sutera (Gitarre), Francesco Cimino (Bass) und Giovanni Apprendi (Perkussion), tritt heute zum ersten Mal gemeinsam außerhalb Siziliens auf. Das ganze kommende Jahr werden sie gemeinsam mit Pippo auf Tournee in Deutschland, Österreich, der Schweiz und Italien sein.

Und so ist dieser Auftritt so etwas wie eine öffentliche Generalprobe für den deutschsprachigen Raum, denn in Palermo hat die von Pippo zusammengestellte Formation schon Auftritte gehabt. Pippo ist in den vergangenen Wochen oft zu Proben nach Sizilien geflogen. Doch das Konzert am heutigen Abend in Basel steht unter keinem guten Stern und der erste Auftritt außerhalb der Heimat entpuppt sich zu einer öffentlichen Generalprobe mit enormen Schwierigkeiten.

Ich stehe am Ufer, wähle Pippos Handynummer, sehe und höre, wie er sich nach wenigen Augenblicken, auf dem Bühnenfloß stehend, meldet: „Ciao Stefan. Du, wir haben hier total Probleme. Die Instrumente sind am Flughafen in Mailand hängen geblieben." Er wirkt sehr angespannt. Noch nie habe ich ihn so erlebt, denn Pippo ist eigentlich kein Mensch, der sich schnell aus der Ruhe bringen lässt. Erst wenige Stunden zuvor war die Band aus Sizilien hier angekommen. Pippo hat sie vom Züricher Flughafen Kloten abgeholt. Aber eben nicht die Instrumente. Denn die waren zu diesem Zeitpunkt, und sind es wahrscheinlich auch jetzt noch, jenseits der Alpen. Das sind wahrlich nicht die besten Voraussetzungen für ein Konzert an diesem schönen Sommerabend. Doch die Not macht ja bekanntlich erfinderisch und so hilft der örtliche Veranstalter mit Equipment aus. Die Ruhe und Konzentration der Musiker, die nun mit vollkommen fremden Instrumenten spielen müssen, scheint weg zu sein. Der Soundcheck zieht sich wie Kaugummi. Langsam dämmert es. Nach und nach erkämpfen sich die Lichterketten der Cafés und Hotels auf der anderen Seite des Flusses ihre Bedeutung zurück und die Musiker erklimmen den Kahn, der sie ans Ufer zurückbringt. In einer Stunde werden sie sich wieder auf das Bühnenfloß bringen lassen. Viel Zeit zu einem gemütlichen Abendessen bleibt da nicht. Immer mehr Menschen versammeln sich nun am Ufer, um das letzte Konzert der einmonatigen Veranstaltungsreihe „Kultur im Fluss" zu erleben. Pippo ist in Basel seit Jahren ein willkommener Gast und aufgrund seiner Beliebtheit geradezu prädestiniert, den musikalischen Schluss- und Höhepunkt des Kulturspektakels zu setzen.

Um neun Uhr ist es dann endlich soweit, das Warten hat ein Ende. Als sich Pippo auf dem Bühnenfloß ans Piano setzt, sehen und hören über 500 Menschen zu. Die Stimmung ist fröhlich und ich spüre, dass sich die Menschen auf dieses Konzert schon längere Zeit gefreut haben. Egal, wo Pippo in der Schweiz auftritt, es ist immer so etwas wie ein Heimspiel. Es ist schwierig nachzuvollziehen, wie oft Pippo eigentlich schon hier in Basel aufgetreten ist. Auf jeden Fall schon sehr oft. Und seine Fangemeinde wächst und wächst, wie dieses Konzert beweist. Bei den ersten Liedern spürt keiner der Zuhörer seinen Ärger, den er in diesem Moment vielleicht noch immer in sich trägt. „Utopien sind wichtig", sagt er zwischen zwei Liedern: „Träume helfen durch die Realität."

Seine Realität heute war bisher Zeitdruck, Improvisation und ein knurrender Magen. Aber dann ist da das Konzert. Und Pippo auf der Bühne. Singen, das ist seine Welt, seine Leidenschaft. Dann spürt man, dass seine Lieder zum Teil ja auch seine Träume sind. Kleine Welten, die die Macht haben, die Stolpersteine des täglichen Lebens für ein paar Momente aus dem Weg zu räumen. Die Menschen stehen dicht gedrängt oder sitzen auf dem Asphalt und haben Spaß an seiner Musik, die aber irgendwann zu Ende gehen muss. Es gibt Vereinbarungen mit dem Veranstalter, mit der Stadt. Auch das sind Realitäten. Viele Zuhörer murren und hätten am liebsten noch stundenlang zugehört. Doch Pippo hält sich an die Regeln und verabschiedet sich nach etwas mehr als einer Stunde von seinem Publikum. Später sitzen wir gemeinsam in einem Lokal, das der Veranstalter für die Musiker und deren Gäste ausgesucht und reserviert hat. Der Koch ist jedoch schon weg. Die Kellnerin zuckt mit den Schultern und sagt entschuldigend: „Ihr seid zu spät dran.". Pippo sagt nicht viel an diesem Abend, erklärt der übel gelaunten Frau, die gnädigerweise wenigstens noch etwas Suppe, Brot und Salat auf den Tisch stellt, nicht einmal, warum sie so spät zum Essen kommen, dass es Probleme mit den Instrumenten gegeben hat und dass man improvisieren musste. Und dass dies alles Zeit gekostet hat und so das Konzert eben etwas später als vorgesehen begonnen hat.

Es ist mittlerweile Mitternacht. Nur ein paar Stunden Schlaf werden den Musikern in dieser Nacht bleiben. Schon in aller Frühe müssen sie sich wieder auf den Weg machen. Am Nachmittag und am kommenden Abend werden sie ein Konzert in der Nähe von Bern geben. Viel Zeit zum Abschalten bleibt da nicht.

Eine Stunde später sitze ich auf dem Balkon meines Hotels und schaue auf den schwarzen Fluss hinab. Das Bühnenfloß treibt leer im Strom. Und auch die Lichterketten auf der anderen Uferseite sind jetzt erloschen. Ich sehe Pippo, Hand in Hand mit seiner Frau Christina, wie er unten über die Brücke läuft und zu mir herauf winkt. Der Mann, der viele Menschen dieser Stadt noch vor kurzem in die Welt seiner Lieder mitgenommen hat. Es ist, als ob ich seine Musik auch jetzt noch hören kann. Doch bestimmt hat der Fluss die Lieder mitgetragen. Erfreuen sie nun bereits Menschen, die weiter flussabwärts wohnen? Ich verscheuche die Gedanken nicht. Utopien sind wichtig.

Eine zerrissene Saite

Das „Duschlbräu" im bayerischen Bad Aibling ist eine Brauereigaststätte, in der es neben dem selbst gebrauten Gerstensaft hin und wieder auch kulturelle „Schmankerl" gibt. Eines davon ist ein Solo-Konzert von Pippo, bei dem es in dem Lokal keinen einzigen freien Platz mehr gibt. Nach etwa einer halben Stunde passiert das kleine Malheur. Während eines Liedes reißt ihm eine Saite. Gut, das ist eine Sache, die ihm in seiner langen Zeit als Straßenmusiker und Bühnenmusiker wahrscheinlich schon etliche Male passiert ist. Dennoch möchte Pippo an diesem Abend sein Konzert nur ungern unterbrechen und wendet sich spontan ans Publikum: „Ist vielleicht jemand im Raum, der sich mit Gitarren auskennt und der mir helfen kann, eine neue Saite aufzuziehen? Ich spiele in der Zwischenzeit ein Lied am Klavier." Pippo hat Glück, es ist jemand im Raum. Es meldet sich ein etwa 40-jähriger Mann, der unter leisem Gekicher der restlichen Besucher aufsteht, nach vorne geht und sich auf die kleine Stufe zur Bühne setzt. Er nimmt die Gitarre und die neue Saite und beginnt sie aufzuziehen. Nach wenigen Augenblicken ist der Schaden behoben. Das ging sehr flott. Pippo hat sein Lied am Klavier noch gar nicht zu Ende gebracht. Und wundert sich nun nicht nur über das Gelächter, das der Mann im Saal ausgelöst hat, sondern auch über dessen Leichtigkeit im Umgang mit einer Gitarre. Spontan lädt er ihn ein, auf die Bühne zu kommen und mit ihm gemeinsam ein Lied zu improvisieren. Sowohl den beiden Akteuren auf der Bühne als auch dem Publikum macht es soviel Spaß, dass sie die Takte immer weiter voran treiben.

Keine Frage, da sitzen zwei Profis auf der Bühne, die von Anfang an gut harmonieren und sich musikalisch blendend verstehen.

Nach dem Konzert erfährt Pippo, dass es sich bei seinem „Helfer" um den bayerischen Sänger und Moderator Werner Schmidbauer handelt, der von den Bad Aiblinger „Amigo Records" zum Konzert eingeladen worden war. Das ist eine einheimische Plattenfirma, die nicht nur Werner Schmidbauer unter Vetrag hat, sondern auch eine CD von Pippo vertreibt. Auch Werner Schmidbauer stammt aus Bad Aibling. Und so war es natürlich kein Wunder, dass die Menschen im Saal ihn sofort erkannt haben.

Werner Schmidbauer, den die meisten Fernsehzuschauer durch Sendungen, wie „Live aus dem Schlachthof" oder „Gipfeltreffen" kennen, gab dann zu, dass er eigentlich mit gemischten Gefühlen ins Konzert gegangen sei. Er kannte diesen sizilianischen Cantautore überhaupt nicht, begeisterte sich aber von den ersten Tönen an für Pippos Lieder und erzählte mir später einmal am Telefon: „Mir gefiel vor allem die Dynamik, die von Anfang an zu spüren war."

Nach dieser Begegnung in Bad Aibling halten die beiden den Kontakt zueinander aufrecht. So gut das eben im täglichen Leben eines ständig reisenden Musikers möglich ist. Sie schicken sich immer wieder Handy-Botschaften oder rufen sich gelegentlich an. Und ab und zu gelingt es sogar sich zu sehen. Zum Beispiel im Sommer 2003. Pippo hatte einen Auftritt beim Münchner Tollwood Festival und spielte im Vorprogramm von Gianna Naninni. Er nutzte die Nähe zu Bad Aibling und rief seinen Musikerfreund an um ihn zu fragen, ob er nicht nach München kommen und mit ihm gemeinsam das Lied „Camminando" spielen wolle. Dieses Lied hat Pippo nach einer der größten Rheinverschmutzungen durch die chemische Industrie in den vergangenen Jahren geschrieben und es zählt zu einem seiner bekanntesten und beliebtesten Stücke. Eine Zeile daraus lautet:

„In dieser Welt voller Verrückten
Zwischen Bomben und Raketen
Versuche ich die Rettung der Liebe."

Es ist nun bald zwanzig Jahre her, dass Pippo dieses Lied komponiert hat. Noch heute ist es eines der Lieder, die er sehr gerne in seinen Konzerten spielt. Es ist auf eine Art sein „Hit". Ein sehr emotionales Stück, in dem er sich angesichts der Trauer und Ohnmacht gegenüber der Umweltzerstörung auch an die schmerzliche Zeit erinnert, in der er von Sizilien wegging:

„An das Lächeln meiner Mutter denk ich
Von ihren Träumen bitter enttäuscht
Sah mich schon als Doktor
An ihre Zärtlichkeiten denk ich, ihre salzigen Tränen
Damals an jenem traurigen Tag
Da ich fortging."

Werner Schmidbauer hörte „Camminando" im „Duschlbräu" in Bad Aibling zum ersten Mal. Auch er mag das in typischer Liedermacher-Tradition geschriebene Stück.

Spontan sagte er Pippo für den Tollwood-Auftritt zu. Geprobt haben die beiden kurz bevor sie auf die Bühne gingen, im Garderobenwagen von Pippo. Nur wenige Minuten blieben. Doch sie genügten für einen schönen Auftritt. Wie schon in Bad Aibling zeigte sich auch hier in München, wie wunderbar sich der Bayer und der Italiener auf der Bühne verstehen.

Und die Moral von der Geschichte? Auch eine zerrissene Saite kann eine neue Freundschaft knüpfen.

Abschied in den Bergen

Mels, ein kleiner Ort in der Nähe von Sargans, begrüßt seine Gäste mit satt-grünen Berghängen, sauberen Häuschen und glücklich muhenden Kühen auf saftigen Weiden. Die Berge haben sich weiße Schneemützen wie Kronen aufgesetzt. Wenn die Welt noch irgendwo in Ordnung ist, dann in der Schweiz. Und zwar genau hier. Das Wetter ist heute viel zu freundlich, die Luft viel zu warm, um Abschied zu nehmen. Doch heute ist Abschied. Abschied von einer Tour zweier Freunde, die sich zwar oftmals aus den Augen verloren haben, nie jedoch das freundschaftliche Gefühl füreinander: Pippo Pollina und Linard Bardill, der sagt: „So eine Tournee ist auch ein Anlass, um unsere Freundschaft wieder einmal so richtig zu pflegen." In vier Stunden wird das letzte Konzert der „Insieme"-Tour beginnen. Es bildet den glanzvollen Schlusspunkt einer sehr erfolgreichen Tournee durch die gesamte Schweiz. Es waren Konzerte, in denen die beiden von ihrer gemeinsamen Zeit erzählten und sangen. Und das alles natürlich ohne Begleitband: zwei Freunde, zwei Gitarren und ein riesiger Koffer voller Erinnerungen standen da auf der Bühne. Für Linard Bardill besteht eine Freundschaft jedoch nicht nur aus Gemeinsamkeiten: „In 90 Prozent aller Dinge sind wir verschiedener Meinung. Aber in einer Freundschaft ist auch Distanz wichtig. Eine Freundschaft ist wie ein gewonnenes Leben und hat auch sehr viel mit Liebe zu tun. Gerade weil sie unkörperlich ist, ist sie noch viel reiner."

Die beiden Freunde kommen heute zu ihrem letzten Auftritt in das zum Konzertsaal umfunktionierte Kino „Rex" aus unterschiedlichen Richtungen. Linard kommt aus seinem Wohnort in Graubünden. Pippo kommt aus Zürich. Vor dem Bühneneingang treffe ich Linard, der mich mit den Worten begrüßt: „Pippo steht im Stau." Nach einer weiteren Stunde ist auch er da. Doch was ist das? Ich erschrecke fast bei seinem Anblick, denn Pippo ist so grau, wie die Wand des „Rex". „Was ist los?", frage ich ihn. Er antwortet knapp: „Ich bin müde." Er steckt mitten in den Vorbereitungen zu seiner nächsten Tournee mit dem „Palermo Acoustic Quartett", die im Frühjahr des kommenden Jahres beginnen wird. Morgen hat er mit seiner Band einen Auftritt bei einer Gewerkschaftsveranstaltung in Palermo. „In Palermo" frage ich ungläubig. „Si." „Wann gehst du denn hin." „Ich fliege morgen von Zürich aus. Um sechs Uhr früh." Ich bewundere Pippos Zähigkeit immer wieder. Für seine Arbeit ist ihm kein Weg zu weit. Heute ein Konzert in der Schweiz, morgen ein Auftritt in Sizilien und übermorgen wieder zurück. Dazu kommt noch, dass seine neue CD gerade fertiggestellt wird und er neben den Auftritten mit Linard und den Proben mit seiner Band oftmals auch noch in das Aufnahmestudio bei St. Gallen muss. Bevor die beiden zum Soundcheck auf die Bühne steigen, drückt mir Pippo eine Postkarte mit den neuen Tourdaten in die Hand. Die Tournee wird am 10. Januar 2003 in der Münchner Muffathalle beginnen und am 16. November im Schweizerischen Mühlethurnen enden. Natürlich gibt es auch freie Tage dazwischen, doch ich weiß, dass von Pippos Veranstaltungsagentur auf Anfrage noch während der Tour Zusatzkonzerte gebucht werden. Und die Open Air-Konzerte in den Sommermonaten sind auf der Karte noch nicht einmal aufgeführt.

Ich setze mich in den Saal und höre den beiden zu. Schon während des Soundchecks macht Pippo auf mich einen frischeren Eindruck als noch vor wenigen Minuten vor dem Bühneneingang. Wie schnell das geht. Nach der Abstimmung von Ton und Licht gehen wir zum Abendessen in ein Restaurant in der Nähe des Bahnhofs. Wir setzen uns in das reservierte Nebenzimmer und bestellen Wasser, Rotwein, Salat und Pasta. Ich unterhalte mich mit Linard über seine neuen Projekte. Pippo sitzt mir gegenüber, trinkt ab und zu von seiner Cola und macht dabei ein sehr ernstes Gesicht. Nur ab und zu beteiligt er sich an unserem Gespräch. Ansonsten tippt er immer wieder fast schon verbissen auf sein Handy ein. Ich vermute, dass er eine SMS verschickt – liege mit dieser Annahme jedoch kilometerweit daneben. Nach einigen Minuten beugt sich Linard lächelnd zu mir herüber und flüstert: „Pippo versucht gerade krampfhaft bei einem bestimmten Spiel Punkte zu sammeln. Er wurde vor zwei Wochen von meinem Sohn darin vernichtend geschlagen."

Linard und Pippo. Mitte der achtziger Jahre hat der Schweizer Liedermacher Linard den Italiener zum ersten Mal gesehen und gehört: „Das war in einer Fußgängerpassage in Luzern und es war eine sehr wichtige Begegnung für mich. Er stand da als Straßenmusiker, ein klei-

ner Mann, aber doch sehr wach. Und er hatte Brillengläser, so dick wie Flaschenböden. Obwohl er zierlich war, hatte er eine kräftige Stimme. Du musst wissen, dass man in der Schweiz nirgends ,verstärkt' spielen darf. Mein erstes Gefühl war: Der ist gut, in dem steckt etwas. Und er hatte Rhythmus im Blut. Sein Spiel erinnerte mich an Südamerika. Er war kein ,Blueser'."
Linard erzählt weiter: „Ich habe ein paar Stücke angehört und dabei auch seinen Willen gespürt. Wenn man oft mit Musikern zusammen spielt, merkt man, was für ein Mensch hinter dem Spiel steckt. Zum Beispiel, wie er die Saiten anschlägt oder mit welchem Ausdruck er singt. Ich habe in diesem Moment gespürt, der will etwas, und mir war auch sofort klar, dass er das auch erreichen wird. Später hat er mich in seine WG eingeladen und mir Spaghetti gekocht. Allerdings sehr zum Ärger seiner Mitbewohnerinnen, denen er bis zu diesem Zeitpunkt immer erzählt hatte, er könne überhaupt nicht kochen."
Bei den Spaghetti ist es nicht geblieben. Linard Bardill war es, der Pippo bat, auf eine Tournee mitzukommen. Und Linard Bardill war es auch, der ihm den Rat gab, die eigenen Lieder auf eine Cassette aufzunehmen. Damals sagte er zu Pippo: „Wenn du unterwegs bist, dann brauchst du das doch." Und das war wohl der Anfang von Pippos Solo-Karriere. Zuvor hatte er ja schon in Sizilien mit „Agricantus" gespielt. So nach und nach lernte Pippo dann die verschiedenen Veranstalter kennen und machte sich durch unzählige Auftritte einen Namen in der Schweizer Kleinkunstszene. Linard war sein Entdecker. Beim Konzert in Mels ist Pippos Müdigkeit wie weggeblasen. Seine Stimme ist wie immer klar, hellwach

und zwischen den Liedern unterhält er die Gäste mit originellen Geschichten über die gemeinsame Zeit mit Linard: „Zu Beginn unserer Partnerschaft sind wir auch oft im rätoromanischen Raum aufgetreten. Wir haben in Orten gespielt, die so komische Namen hatten wie Schlinz, Schlanz, oder Schlunz.... Ich weiß es nicht mehr." Und natürlich singen sie ihr gemeinsames Lied „Insieme", das der heute zu Ende gehenden Tour den Namen gab und auf Pippos vierter CD „Le Pietre di Montesegur" zu finden ist. Einige Zeilen darin lauten:

„Und wenn die Liebe in dein Haus zurück kehrt
öffne die Fenster und lass sie atmen.
Ihr Hauch wird Rosenduft sein
Ihr Gesang Betstubenruhe.
Und wenn du dann Freude suchst, ruf'mich
Wenn Du willst: Ich werde dich begleiten."

Nach dem Auftritt treffen wir uns im Foyer, wo Pippo einen Espresso trinkt und mit vielen Gästen spricht. Später hilft er, die Musikanlage abzubauen. Ich verabschiede mich kurz nach Mitternacht und falle wenig später todmüde in mein Hotelbett. Erst um acht Uhr am nächsten Morgen wache ich auf. Unter der Dusche lasse ich den vergangenen Abend Revue passieren, erinnere mich an Pippos Müdigkeit vor dem Aufbau der Musikanlage, das gemeinsame Essen in der Bahnhofsgaststätte, seinen „Kampf" mit dem Handy-Spiel und den schließlich doch hellwachen Auftritt.

Als ich gestern zu Bett ging, war Pippo wohl gerade auf dem Weg zurück nach Zürich. Jetzt blicke ich zum Hotelfenster hinaus und sehe die wunderschöne Bergwelt rund um Sargans im klaren Morgenlicht. Pippo ist zu diesem Zeitpunkt bereits in Palermo.

Von einer falschen Verantwortung und einer unzerstörbaren Hoffnung

Der Marktplatz von Neustadt an der Weinstraße ist fest in italienischer Hand. Sieht man einmal von dem kleinen Weinstand vor dem Rathaus ab, an dem es deutsche Weine mit so klangvollen Namen, wie „Einzeldiner Meerspinne" oder „Nußknacker Eselshaut" zu kaufen gibt. Doch dahinter, im Sitzungssaal, werden heute keine Anträge gestellt und beraten, sondern Lasagne gekocht. An den Häusergiebeln ringsum wehen italienische Fähnchen im Wind und „Mister Ice Cream" schaufelt showmäßig Eis in die Waffeltüten der Kinder. Unter dem Motto „Kennst du das Land...?" ist am 8. Mai 2004 die feierliche Eröffnung des rheinland-pfälzischen Kultursommers. Einer der Gastmusiker ist an diesem Tag Pippo Pollina. Immer mehr Menschen strömen gegen drei Uhr nachmittags hierher. Doch die Wolken haben heute kein Einsehen mit der Bevölkerung und ihrem Fest. Sie hängen grau am Himmel. Es regnet. Die Bühne vor der Stiftskirche ist in gleißendes Licht gehüllt. Drei Scheinwerfer sind auf Pippo gerichtet, der mit dem Rücken zum Marktplatz auf einer Monitorbox sitzt und auf die Fragen einer Fernsehmoderatorin wartet. Noch sind Regisseur und Kameramann mit der Einstellung nicht zufrieden und geben den Technikern des Südwest

Rundfunks (SWR) immer wieder neue Anweisungen. Ich gehe zur Bühne und winke Pippo zu, der mich grüßt, in diesem Augenblick jedoch äußerst unglücklich und genervt aussieht. Seine Musiker Enzo Sutero und Antonello Messina sitzen im Hintergrund und warten geduldig, bis die Kameras, Mikrofone und Scheinwerfer wieder abgezogen werden und sie mit Pippo den öffentlichen Soundcheck beginnen können. Schließlich sind es nur noch knapp vierzig Minuten bis zu ihrem Auftritt. Auf ein Zeichen hin lächelt die Moderatorin in die Kamera und beginnt ihr Interview mit den Worten: „Wir Frauen verbinden zwei Dinge mit Italien: Mode und Männer. Unser Live-Gast ist heute Pippo Pollina...." Hätte sie nun auch noch Makkaroni und Meer gesagt, Pippo hätte wohl mit einem Schlag noch unglücklicher drein geblickt. Geduldig beantwortet er die Fragen nach seiner Heimat, macht dabei aber eher den Eindruck, als ob er in diesem Augenblick lieber in dem Land wäre, über das er gerade spricht. Und nicht hier im verregneten Neustadt auf dieser Monitorbox. Zumindest würde er jetzt gerne den Soundcheck machen. Das Interview dauert länger als angekündigt – und das Konzert rückt immer näher. Auch der Veranstalter möchte seinen Zeitplan einhalten. Moderatorin und Technikern scheint dies egal zu sein.

Trotz des nasskalten Wetters versammeln sich nun immer mehr Menschen auf dem Marktplatz der rheinland-pfälzischen Stadt. Doch noch ist das Frage- und Antwortspiel auf der Bühne nicht vorbei. Auch wenn die Zeit knapp ist und die Moderatorin den Eindruck erweckt, als ob sie die Antworten eigentlich gar nicht interessieren, sitzt sie hier einem Mann gegenüber, der weiß, wie wichtig Medienpräsenz in seinem Beruf ist. Pippo sagte vor einigen Wochen mal zu mir: „Wenn ich die Wahl hätte, ob auf viva oder MTV ein Musikvideo von mir gesendet wird oder ob auf der Feuilletonseite der Süddeutschen Zeitung ein Artikel über mich erscheint, dann würde ich mich eindeutig für Letzteres entscheiden. Denn hier sehe ich mein wahres Publikum."

Und doch, so sehr sich Pippo über jede Konzertkritik freut, ist ihm die Lektüre seit längerer Zeit gar nicht mehr so wichtig: „Die Phase ist vorbei, in der ich Berichte über mich sammle. Früher habe ich das gebraucht, es war wie Benzin für mich."

Endlich sind Regisseur und Kameramann zufrieden und das Team räumt die Bühne. Doch das schlechte Wetter bleibt. Beim anschließenden Soundcheck kämpft Pippo mit seiner Stimme gegen Windböen an. Auf seinem Stuhl am Rande der Bühne sitzend, den rechten Arm locker auf der Gitarre, versucht er die frierenden, doch erwartungsfrohen Menschen auf dem Platz aufzuheitern, die sich nun schon seit längerer Zeit unter einem bunten Dach von Regenschirmen trocken halten. Er scherzt: „In vierzig Minuten wird der Himmel offen sein. Das steht so im Vertrag."

Nicht nur das Wetter lässt die Menschen an diesem Tag erstarren. In den Nachrichten hört man, dass sich der amerikanische Verteidigungsminister Donald Rumsfeld bei der Weltbevölkerung für die Misshandlungen von irakischen Kriegsgefangenen durch Soldaten der US-Armee entschuldigt. Ganz offiziell. Er übernimmt die Verantwortung, an Rücktritt denkt er aber nicht. Pippo geht in seinem Konzert darauf ein: „Man kann sich freuen, dass Saddam Hussein nicht mehr an der Macht ist, aber im Irak geben die Amerikaner ein schlechtes Beispiel. Sie machen was sie wollen und es ist schlimm, dass sie sich als Vertreter der Demokratie bezeichnen."

Im vergangenen Jahr war Pippo über den Krieg im Zweistromland so bestürzt, dass er drauf und dran war, eine Tour in Italien abzubrechen, die genau zu der Zeit stattfand, als die ersten Bomber Richtung Bagdad unterwegs waren. Trotz vieler Bedenken hat er die Tour damals fortgesetzt und dabei auch das Lied „Sambadio" gesungen, das er auch in Neustadt in seinem Programm hat:

„Schlaf mein Sohn, denn bald kommt der Morgen
Und die Sonne wird noch stärker scheinen
Eines Tag wird dieser Krieg zu Ende sein
Und auf den Mauern dieser Stadt
werden die Blumen wachsen, die ich dir gebe"

In diesem Lied versucht ein Vater während eines Luftangriffes sein Kind zu beruhigen. Es ist ein Lied gegen jeden Krieg und es drückt die allgegenwärtige Hoffnung aus, die in Pippo und in seinen Liedern lebt, die Hoffnung auf eine friedlichere Welt.

Es wird dunkel. Keiner der Besucher lässt sich vom triefenden Regenschirm seines Vordermannes abhalten, Pippos Musik zu lauschen.

Für die Dauer des Konzertes vergessen sie den Regen und fordern Zugaben. Wie so oft wollen sie Pippo nicht mehr von der Bühne lassen. Doch auch heute hat der Veranstalter kein Erbarmen und richtet sich nach seinem Zeitplan.

Nach dem Konzert stehen viele der Besucher am Tourbus seitlich der Bühne und sprechen mit Pippo, einige auf italienisch. Noch immer wehen die italienischen Fähn-

chen an den Häusern in dem nun immer kälter werdenden Wind. Nur „Mister Ice Cream" hat mittlerweile auf-
gegeben. Die Menschen aber bleiben hier, stehen noch
Minuten nach dem Konzert vor der Bühne, auf der Enzo
und Antonello ihre Instrumente zusammenpacken. Es
scheint so, als ob die Lieder von Pippo noch immer auf
sie wirken, auch lange, nachdem sie verklungen sind.
Lieder, in denen „Männer und Mode" kein Thema war.

Orvieto liegt mitten in Europa

Wer auf der Fahrt von Orvieto hinauf zum „Piccolo Auditorium" noch einmal zurück blickt, sieht, wie der Dom Santa Maria, der fast übermächtig auf dem Hügel der umbrischen Stadt thront, gemächlich hinter zwei Bergketten verschwindet. Wer auf der weiteren Fahrt auf der kurvigen Landstraße nach rechts und links blickt, der sieht rote, rosa-farbene und weiße Rosen, die die Enden der Weinrebenreihen zieren, an denen die Trauben reifen. Es ist ein herrliches Stückchen Europa, an dem sich am ersten Juni-Wochenende 2004 ein buntes Völkchen trifft. Italiener, Schweizer und Deutsche haben sich auf den zum Teil langen Weg gemacht, um hier am zweiten europäischen Pippo Pollina-Treffen teilzunehmen.

Nach sieben Kilometern ist Santa Maria endgültig hinter den Hügeln der Landschaft verschwunden. Langsam öffnet sich das Eisentor, das das „Piccolo Auditorium" von der Straße abschirmt. Es ist ein kleiner Konzertsaal, der in einem liebevoll hergerichteten Anwesen untergebracht ist, auf dem kleine Wiesen, Rosensträucher und geschotterte Wege ein idyllisches Miteinander pflegen. Die Sonne hat zur Mittagszeit längst alle Wolken verscheucht und es weht ein angenehmer Wind. Im Vorraum des Auditoriums stehen Tische mit Bechern und

Tellern sowie Wasserflaschen und Karaffen mit Rot- und Weißwein. Gedeckt wurden sie vom Pächter des Gutes, Rambaldo degli Azzoni Avogardo, der seit einigen Jahren Pippos italienischer Förderer und Manager ist. Für seinen Schützling, den er 1996 in Palermo kennengelernt hat, gründete er das Label „storiedinote" und vertreibt Pippos Musik in ganz Italien. Auf der Bühne des „Piccolo Auditoriums" sitzt zu dieser Mittagszeit Marco Todisco, der eine Diskussionsrunde moderiert und mit seinen Übersetzungen die sprachlichen Barrieren der Gäste im Saal überbrückt. Fast keiner der anwesenden Italiener spricht deutsch, nicht jeder der Deutschen und Schweizer kann italienisch. Ich gestehe: Ich auch nicht.

Pippo steht neben der kleinen Bühne, hat einen Fuß auf einen Stuhl gestützt und lauscht konzentriert den Beiträgen der etwa 100 Gäste, die sich zu Beginn einzeln vorstellen. Jeder erzählt, aus welcher Stadt er kommt, wie und wo er Pippo kennengelernt hat. Dabei wird mir wieder einmal deutlich, wie wichtig die „Uferlos"-Tour mit Konstantin Wecker für Pippos Karriere war. Die meisten der aus Deutschland angereisten Gäste haben ihn eben gerade dabei zum ersten Mal gesehen und gehört.

Pippo erklärt seinen Gästen an diesem Tag, dass er seine Musik als Brücke zwischen den einzelnen Nationen und den verschiedenen Mentalitäten sieht: „Das ist für mich ein sehr wichtiger Aspekt, denn ich habe Grenzen immer gehasst. Keinen Pass zu zeigen, ist doch sehr schön. Paradoxerweise lebe gerade ich in der Schweiz, dem einzigen Land, das hier in Europa noch eine letzte Ausnahme macht."

Pippo ist überzeugt: „Die Musik hat immer zu einem friedlichen Zusammensein unter den Völkern beigetragen, sie schafft eine Plattform und ist eine Bereicherung. Es hat mich immer fasziniert, dass ihre Kraft Grenzen überwinden kann". Doch kann sie auch Frieden stiften? Was sei zum Beispiel mit dem Irak, wendet ein italienischer Gast ein. Dies sei doch ein aktuelles Beispiel dafür, dass sich Kriege auch durch Musik nicht vermeiden ließen. Pippo zeigt sich mit dieser kritischen Frage sehr zufrieden, denn er ist kein Träumer, sondern möchte von seinem Publikum als ernster Künstler mit Visionen gesehen werden: „Die Musik kann keine Gewalt abschaffen, aber sie kann dabei helfen, Neugierde für andere Länder, fremde Kulturen und Religionen zu wecken. Und diese dadurch gewonnene Neugier ist der Motor für das Verständnis, der Antrieb für jeden Einzelnen, um sensibler zu werden."

Am Abend gibt Pippo gemeinsam mit Enzo Sutera und Antonello Messina, die ihn das ganze vergangene Jahr als Mitglieder des „Palermo Acoustic Quartett" begleitet haben, ein öffentliches Wunschkonzert. Gegen 21 Uhr drängen sich neben den Teilnehmern des Treffens so viele Konzertbesucher aus Orvieto und Umgebung, dass es innerhalb kurzer Zeit keinen einzigen freien Platz in den schon eng zusammen gerückten Stuhlreihen mehr gibt. Aber das macht nichts. Es ist eine warme Sommernacht und viele Paare nutzen die Gelegenheit, stehen, sitzen oder liegen eng umschlungen auf dem Rasen vor dem kleinen Konzertsaal und lauschen der Musik. Viele halten die ganze Zeit über ein Blatt Papier in der Hand. Auf dem „Menu´della Serata" sind 107 Lieder aufgelistet, die man sich spontan wünschen kann. Pippo spielt sie alle auswendig, lediglich einige Texte muss er nach-schlagen. Viele handeln von Krieg und Frieden und benötigen keinen Übersetzer mehr. Es ist ein friedlicher Augenblick, hier in Orvieto. Auf diesem wunderschönen Stückchen Europa, wo sich an diesem Wochenende Menschen aus drei Nationen getroffen und so mit dazu beigetragen haben, dass Pippos Visionen ein bisschen mehr Realität geworden sind.

In der Kronenhalle

„Dort drüben haben wir gesessen. Pippo, Leoluca Orlando, der Züricher Stadtpräsident Josef Estermann und ich." Nikolas Bärlocher deutet in der Kronenhalle auf einen Tisch auf der gegenüberliegenden Seite des Speisesaals. In der Nähe des Bellevueplatzes in Zürich gelegen, ist die Kronenhalle wohl mehr als ein traditionelles Restaurant. Sie ist seit Jahrzehnten ein beliebter Treffpunkt, der schon viele weltberühmte Gäste anlockte: Gottfried Keller, Friedrich Dürrenmatt oder auch James Joyce, um nur einige zu nennen. Schwere Kronleuchter hängen über den Tischen mit den blütenweißen Decken und dem darauf glänzenden Besteck. An den Wänden können die Gäste beim Essen Originale von Picasso, Matisse, Miro oder Chagall bestaunen.

Ich sitze hier mit Pippo und dem pensionierten Kulturbeauftragten, der noch heute gerne an den Anlass des von ihm erwähnten Vierertreffens zurück denkt: „Es war die Premiere eines Programmes von Pippo, zu der damals auch der unter starker Sicherheitsbewachung stehende Bürgermeister aus Palermo angereist war. Eine schwarze Limousine holte den Ehrengast am Flughafen ab und danach glich das kleine Premierentheater am Hechtplatz sehr schnell einer Festung. Es war wohl das bestbewachte Konzert von Pippo, das es jemals gegeben hat."

Nikolas Bärlocher war im Zuge seines Amtes auch der Intendant des Hechtplatztheaters. Dort, nur ein paar Schritte von der Kronenhalle entfernt, lernte er Pippo im Jahre 1994 kennen: „Ich weiß es noch ganz genau. Er war bei uns privat zu Gast, doch ich kannte damals schon Lieder von ihm und habe ihn deshalb spontan engagiert, für eine Woche bei uns zu spielen." Aus dieser ersten Begegnung wurde eine Freundschaft, die noch heute hält. In all den Jahren haben die beiden viele Konzerte in der Stadt gemeinsam organisiert und durchgeführt. Und seit das Hechtplatztheater nun nicht mehr von Nikolas Bärlocher geleitet wird, ist Pippo dort auch nicht mehr aufgetreten.

Noch heute ist Nikolas Bärlocher ein großer Anhänger des Sizilianers. Ihn begeistert vor allem, wie Pippo Literatur, Musik und gesellschaftliche Belange zusammenführt: „Pippo singt nicht einfach nur Lieder, sondern er kommentiert sie auch. Er hat eine äußerst souveräne Art, seine Ideen den Menschen näher zu bringen. Diese Fähigkeit besitzen bei Gott nicht viele. Und dennoch ist er weder Missionar, noch ein politischer Aktivist."

Pippo und Zürich. Der sizilianische Sänger und die Stadt an der Limmat. Für Nikolas Bärlocher ist das eine ganz besondere Beziehung. Denn trotz des Züricher Wohnsitzes sei Pippo, so der ehemalige Kulturreferent, über all die Jahre hinweg immer ganz bewusst der Sänger geblieben, der sich an seine Wurzeln erinnert und seine Heimat nie verleugnet hat. Nikolas Bärlocher: „Dennoch ist Pippo so eine Art Vorzeigekünstler der Stadt geworden, der aus freien Stücken kam – und blieb. Er hat sich jedoch mit diesem Status nie wichtig gemacht." In der Tat ist es Pippo gelungen, sich an der Limmat in den vergangenen Jahren eine neue Existenz aufzubauen. Doch ist es der Stadt gelungen, ihm ein vertrautes Zuhause zu bieten? Die Antwort lautet: Nein. Pippo sagt: „Mein Zuhause ist in mir drin. Ich bin wie eine Schildkröte, die ihr Haus mit sich trägt. Mein Zuhause ist überall und nirgendwo. Deshalb bin ich auch kein Züricher mit Leib und Seele geworden, obwohl ich hier mit meiner Familie gerne lebe. In den ersten Jahren meines Wegseins von Sizilien habe ich ganz klar versucht, in der Schweiz Wurzeln zu schlagen. Aber ich habe verstanden, dass dies nicht sein kann. Ich fühle mich auch nach all den Jahren noch als Gast, der sich eben gut an fremde Kulturen und Menschen gewöhnen kann und sich durchaus auch anpassen kann. Ich bin so oft auf Tournee, dass ich gar nicht die Zeit habe, mich in Zürich zu Hause zu fühlen. Es geht nicht. Und das ist auch gut so. Ich habe das verstanden und akzeptiert."

Und so kann es sich der Mann mit dem „gewachsenen Nomadenherz" durchaus vorstellen, einmal für längere Zeit auch in einer anderen Stadt zu wohnen. In Rom zum Beispiel. Noch ist es aber nicht soweit.

Pippo weiß um seine Landsleute, die in den 50er und 60er-Jahren als Gastarbeiter nach Zürich gekommen waren und sich hier ebenfalls eine Existenz aufbauten. Viele Italiener dieser „ersten Generation", die in der Schweiz etwas verächtlich „Tschinggli" genannt werden, verloren nach vielen Jahren guter und zum Teil harter Arbeit ihren Arbeitsplatz, mussten aufgeben und in ihre Heimat zurückkehren. In eine Heimat, die ihnen durch den langen Aufenthalt im Ausland vielleicht sogar fremd geworden war. Eines dieser Schicksale greift Pippo in „Weg vo Züri" auf, das auf der CD „Elementare Watson" erschienen ist. In dem Lied schlüpft er in die Haut eines solchen Gastarbeiters und singt:

„Jetzt, da ich der Gesellschaft nichts mehr nütze
und meine innere Uhr stehengeblieben ist
Und mein Posten hat ein Anderer,
der davon nichts versteht...
Ich weiß, dass man woanders nicht besser lebt,
als hier.
Das habe ich auch schon meinen Kindern gesagt,
die grüne Augen haben und Deutsch sprechen.
Manchmal korrigieren sie mich
und ich verstehe sie nicht..."

Egal, wo Pippo in einigen Jahren wohnen wird. Zürich wird er mit Sicherheit nicht aus den Augen verlieren. Und die Menschen hier werden weiterhin Pippo-Konzerte genießen können. Man könnte sogar sagen: mit einem reichhaltigen Angebot an internationalen Liedern, die allesamt hohe Ansprüche erfüllen.

Ein Bild aus früheren Zeiten: Pippo Pollina (links) mit seiner ersten Band „Agricantus". Zweiter von links: Salvo Siciliano

So fing vieles an: 1993 trat Pippo Pollina bei der „Uferlos"-Tournee von Konstantin Wecker auf und gewann damit ein großes Publikum

Stern der Woche

Die Feuilleton-Redaktion der ABENDZEITUNG
zeichnet wöchentlich außergewöhnliche Leistungen
auf kulturellem und kulturpolitischem Gebiet
mit dem „Stern der Woche" aus.

Für die Woche

vom   07. Februar

bis   13. Februar 1998

vergibt sie den Stern

an **Pippo Pollina** und **Band**

für ihr Konzert (Schlachthof)

Roland Spiegel

Kultur-Redaktion
München, 17. Februar 1998   der ABENDZEITUNG

Abendzeitung

*Auch die Münchner Abendzeitung hat das Schaffen von
Pippo Pollina schon auf ihre Art gewürdigt*

Pippo Pollina beim „Gaffenberg Festival" in Heilbronn

Pippo Pollina mit dem Bürgermeister von Palermo,
Leoluca Orlando, und dem Stadtoberhaupt von Zürich,
Josef Estermann (rechts)

Pippo Pollina mit zwei kleinen Fans als Straßenmusikant
in Schweden

Beim „Bardentreffen" in Nürnbergs Altstadt war Pippo Pollina schon einige Male ein gern gesehener Gast. Doch auch, wenn er nicht auftritt, ist er da. Sein Konterfei schmückte die Hauptbühne des internationalen Festivals in den Jahren 2003 und 2004

Das Grab von Peppino Impastato, dem Pippo Pollina das Lied „Centopassi" gewidmet hat

Eine von vielen Begegnungen: Pippo in seiner Züricher Wohnung im Gespräch mit dem Journalisten Stefan Loeffler

Originalpartitur des Liedes „Versi per la liberta"
(Verse für die Freiheit)

Der Cantautore und der Dottore: Pippo und der Mitbegründer seiner ersten Band „Agricantus". Salvo Siciliano ist heute Arzt in Palermo

Zwei Freunde, die gemeinsam gerne lachen. Giovanni war Pippo Pollinas treuer Wegbegleiter in einer unsicheren und unruhigen Jugendzeit

Ein neuer Tag

„Sie sind doch Pippo Pollina?" Die junge Angestellte am Allitalia-Schalter ist sichtlich erfreut über die Tatsache, dass hier ein Musiker vor ihrem Schalter steht, den sie schon einmal auf der Bühne gesehen hat: „Und eine CD von Ihnen habe ich auch", sagt sie wie zur Bestätigung, „Ich weiß jetzt nur im Augenblick den Titel nicht." Und während Pippos und meine Bordkarten für die Strecken Zürich-Rom und Rom-Palermo aus ihrem Drucker rattern, erzählt sie uns, dass auch sie aus Sizilien stamme und weckt damit endgültig Pippos Aufmerksamkeit, der bisher eher zurückhaltend war: „Aus welchem Ort kommen Sie denn?" Sie antwortet: „Aus Cinisi." Pippo und ich sind nun beide überrascht: „Aus Cinisi? Den Ort werden wir morgen oder übermorgen auch besuchen. Wir möchten zum Grab von Peppino Impastato. Kennen Sie es?" Sie nickt eifrig: „Ja, ja, natürlich." Dann gibt sie uns die Karten und wünscht uns mit einem freundlichen Lächeln einen guten Flug. Während wir den Ausgang zu unserem Gate suchen, sage ich zu Pippo: „Was für ein Zufall, oder? Auf der Fahrt hierher zum Flughafen haben wir darüber gesprochen, dass wir bei unserem kurzen Palermo-Besuch eigentlich auch nach Cinisi fahren könnten, und treffen dann prompt in dieser riesigen

Abfertigungshalle einen Menschen, der genau aus diesem kleinen Ort kommt." Pippo nickt: „Du hast recht. Das ist schon ein Zufall. Und?"

Eine Stunde später sitzen wir im Flugzeug nach Rom. Unter uns wird Zürich immer kleiner und kleiner und verschwindet dann endgültig unter den Wolken. Ich frage mich, wie oft Pippo das schon erlebt hat. Denn Pippo war in den vergangenen Monaten sehr oft in Italien. Er arbeitet eng mit seinem Management zusammen, das viele Konzerte organisiert. Und auch die neue CD wird Pippo in Italien aufnehmen. Und so kommt er einfach nicht darum herum, immer wieder in ein Flugzeug zu steigen, auch wenn er das eigentlich überhaupt nicht mag: „Fliegen bedeutet immer eine Gefahr. Ich habe keine Angst, doch jedes Mal, wenn ich ein Flugzeug betrete, wird mir diese Gefahr bewusst, der ich mich freiwillig aussetze und durch meine Arbeit eben oft aussetzen muss."

Während das Flugzeug über die Alpen fliegt, blättert Pippo im Bordmagazin, dessen Titelgeschichte sich in dieser Ausgabe über mehrere Seiten erstreckt und von der sizilianischen Hauptstadt Palermo handelt. Ich blicke Pippo an und sage: „Das ist aber ein Zufall, oder? Vorhin die junge Dame aus Cinisi und jetzt handelt auch noch die Geschichte von der Stadt, in die wir gerade reisen." Er sagt: „Natürlich ist das ein Zufall. Die Redaktion hätte auch Bologna wählen können, oder Mailand. Aber ich weiß schon, worauf du hinaus möchtest. Viele Menschen glauben nicht an Zufälle und denken, alles was geschieht, stehe in irgendeinem unerklärlichen Zusammenhang. Aber ich tue das nicht. Für mich gibt es keine übernatürlichen Mächte oder Kräfte."

Nach einem kurzen Zwischenstopp in Rom kommen wir am Nachmittag in Palermo an. Der Flughafen ist klein und überschaubar. Zu klein, als dass genügend Mietwagen da wären. Es ist Ferienzeit und alle Autos sind unterwegs. Pippo findet das nicht schlimm und sagt zu mir: „Komm, wir nehmen ein Taxi. Später organisiere ich das Auto meines Vaters." Ich bin das erste Mal in Sizilien und werde auf der Fahrt nach Palermo auch gleich mit der blutigen Vergangenheit der Insel konfrontiert, die noch gar nicht so lange zurückliegt: Es sind die Attentate und Anschläge der Mafia, die Pippo in den ersten zwanzig Jahren seines Lebens hautnah mitbekommen hat und worüber er heute nicht mehr so gerne spricht.

Nach wenigen Kilometern kommen wir an jener Stelle vorbei, an der am 23. Mai 1992 der Wagen des Staatsanwaltes und Mafiajägers Giovanni Falcone in voller Fahrt in die Luft gesprengt wurde. Heute erinnert an dieser Stelle ein Denkmal zu beiden Seiten der Autobahn an die tödliche Tat. Als wir daran vorbei fahren, deutet Pippo auf einen weiß getünchten Flachbau, der am Fuße einer nahe Bergkette steht, einige hundert Meter von uns entfernt: „Dort oben wurde vor zwölf Jahren die Bombe gezündet. Heute brennt dort jede Nacht ein rotes Licht, um die Menschen an die Tat zu erinnern."

Am späten Abend meint Pippo zu mir: „Lass uns einen kurzen Spaziergang durch das historische Stadtzentrum von Palermo machen. Ich muss dir etwas zeigen." Wir stellen das Auto, das Pippo gleich nach unserer Ankunft im Hotel organisiert hat, in der Nähe des Hafens ab und er führt mich zum Piazza Pretoria, der von einem mächtigen, aus über 600 Marmorteilen bestehenden Brunnen beherrscht wird. Hier bleibt Pippo stehen und deutet auf das Gebäude auf der Südseite des Platzes. Es ist der ehemalige Senatorenpalast, in dem seit einigen Jahren die Stadtverwaltung untergebracht ist. Wir blicken zur verzierten Fassade hinauf. Pippo erzählt: „Dort drinnen hat der damalige Bürgermeister Leoluca Orlando 1996 eine Pressekonferenz für mich organisiert. Es war eine sehr wichtige Sache. Denn es war das erste Mal nach meiner Abreise im Jahre 1985, dass ich wieder ein Konzert in Palermo gegeben habe. Neben den lokalen Zeitungen waren auch Journalisten da, die für internationale Zeitungen schrieben, zum Beispiel für USA Today."

Ich wundere mich, dass Pippo das explizit erwähnt, denn ich kenne sein gespaltenes Verhältnis zu den Vereinigten Staaten. Wir gehen weiter und Pippo sagt: „Bei dieser Konferenz habe ich auch Rambaldo Degli Azzoni Avogadro kennengelernt, meinen heutigen italienischen Manager, der nun sogar sein eigenes Label gegründet hat." Dafür ist Pippo seinem Freund, der auch seine aktuelle CD produzieren wird, sehr dankbar: „Ohne Rambaldo hätte ich in Italien nicht wieder Fuß fassen können."

Ich fasse dies alles in Gedanken zusammen: Die Konzert-Premiere in seiner Heimatstadt nach über zehn Jahren Abwesenheit, die enorme Medienpräsenz und das Treffen mit seinem neuen Produzenten. Für mich sind das in diesem Moment alles Anzeichen dafür, dass für Pippo dort oben im Sitzungssaal des Rathauses in der Tat eine neue Zeit begonnen hat. Eine Zeit, in der er nun gerne wieder in seine damals so gefährliche Heimat zurückkehren kann. Eine neue Zeit, in der er mit Rambaldo einen Geschäftspartner gefunden hat, der sich mit Weitsicht und Engagement dafür einsetzt, dass Pippo mit seiner Musik in ganz Italien bekannt wird. Wir gehen weiter und ich blicke noch einmal zurück auf die Uhr am Giebel des alten Senatorenpalastes. Ich glaube es fast nicht, aber genau in diesem Moment ist es eine Minute nach Mitternacht. Das bedeutet: Als wir hier gerade über eine neue Zeit gesprochen haben, hat symbolisch ein neuer Tag begonnen. Ist das nun Zufall, oder nicht? Aber ich werde Pippo, der bereits um die nächste Ecke gebogen ist, nicht mehr darauf ansprechen.

Durch die Via Vittorio Emanuele in die Vergangenheit

Der nächtliche Spaziergang durch die Via Vittorio Emanuele ist unheimlich. Im Gegensatz zu Pippo, der scheinbar unbekümmert neben mir läuft, ist mir die Straße nicht ganz geheuer, die vom Quattro Canti zum Palazzo dei Normanni, dem heutigen Sitz des Stadtparlaments, führt. Die Häuser auf beiden Straßenseiten sind zum Teil noch immer vom zweiten Weltkrieg verwüstet und werden mitunter lediglich von notdürftig zusammengeschraubten Holzgerüsten gestützt. Es wirkt so, als ob erst gestern hier die letzte Bombe eingeschlagen hätte. Der Blick in die kleinen Seitengässchen ist auch nicht gerade ermutigend. Nach wenigen Metern sieht man nichts mehr, so dunkel ist es dort drinnen. Stand da nicht jemand? Keine Laterne erhellt den rutschigen Asphalt und die kleinen Stufen zu den finsteren Haustüren. Doch hier wohnen Menschen. Menschen ohne Furcht, oder sind es Menschen, vor denen man sich fürchten muss? Pippo und ich gehen weiter, vorbei an geschlossenen Geschäften mit heruntergelassenen Jalousien oder Schaufensterscheiben, die vor vielen Jahren zum letzten Mal einen klaren Blick auf die Auslage zuließen.

Die Via Vittorio Emanuele ist leer. Nur hin und wieder eilt quietschend ein Auto an uns vorbei. Auf der gegenüberliegenden Straßenseite kommen uns zwei junge Frauen entgegen. Na, die haben Mut, denke ich mir. Als sie vorbei sind, sagt Pippo zu mir: „Das hätte es früher nicht gegeben." Ich blicke zurück, und da ich nicht ganz verstanden habe, was er meinte, frage ich nach: „Was hätte es früher nicht gegeben?" „Na, dass die beiden Frauen um diese Uhrzeit durch die Straße laufen." Er erklärt mir, während wir weiter in Richtung Normannenpalast gehen: „Die Stadt war vor 25 Jahren noch viel kaputter. Sie war tot. Damals war wirklich kein Mensch auf der Straße zu sehen. Heute ist wenigstens ein Teil des historischen Zentrums von Palermo in einem restaurierten Zustand." Ich merke deutlich, dass Pippo wirklich keine Angst verspürt, hier nachts durch die Straßen zu gehen, die für mich heute, im Juli des Jahres 2004, noch immer gespenstisch erscheinen. Und ich weiß, dass er auch damals keine Angst hatte. Im Gegenteil, gemeinsam mit seinem Freund Giovanni hat er vor einem Vierteljahrhundert regelrechte Erkundungszüge durch die nächtlichen Gassen gemacht. Beide wurden damals von dem unbändigen Wunsch getrieben, der Vergangenheit ein kleines Stückchen näher zu kommen. Jener Zeit, die für den archäologisch interessierten Pippo viel bedeutender ist als die Zukunft. Er erklärt mir: „Ich warte ab, und dann weiß ich, was kommen wird. Aber zu fragen, wie es zum Beispiel vor 100 oder 150 Jahren war, das ist doch spannend. Das werden wir nie richtig wissen und verstehen. Die Vergangenheit ist nicht fassbar. Aber sie ist es auf jeden Fall wert, dass man versucht, so viel wie möglich über sie in Erfahrung zu bringen."

Als wir einige Minuten später vor dem gelblich erleuchteten Regierungsgebäude stehen, sagt Pippo: „In der damaligen Zeit hatten wir das Gefühl, wir forschende Kinder dieser Stadt wissen Dinge, die sonst niemand weiß. Wir kennen Geheimnisse hinter den Mauern, die anderen verborgen bleiben. Hier auf dem Piazza gegenüber des römischen Palastes gibt es ein Mosaik aus dem zweiten Jahrhundert vor Christus. Das wusste kein Mensch in Palermo, auch die Bewohner nicht, die hier Tag für Tag vorbeikamen. Wir haben uns dafür interessiert. Später wurden diese Mosaike unter Sand und Müll begraben, bis wir sie mit Wasser wieder frei geputzt haben. Als wir das gemacht haben, kamen Leute vorbei und fragten: ‚Was macht ihr da, seid ihr von der Gemeinde?' Und wir sagten: ‚Nein. Wir sind normale Bürger, so wie ihr.' Es war unglaublich, wie wenig sich die Menschen um solche Dinge gekümmert haben."

Als wir umdrehen und erneut in die Via Vittorio Emanuel einbiegen, sagt Pippo: „Vielleicht wissen heute mehr Menschen von all diesen Dingen Bescheid. Solche architektonischen Zeugnisse der Vergangenheit sind heute wohl eher bekannt." Und als er hinzufügt: „Das ist auch ein Ergebnis von Leoluca Orlandos Politik", klingt das fast ein bisschen niedergeschlagen, obwohl ich im ersten Moment nichts Negatives daran erkennen kann, dass die Palermitaner sich scheinbar wieder mehr für die Geschichte ihrer Heimat interessieren. Doch Pippo erklärt: „So ist meine Aufgabe von damals, in meinem Rahmen über diese Dinge aufzuklären, erledigt." Eine Kirchenuhr schlägt. Es ist jetzt eine halbe Stunde nach Mitternacht. Vom Quattro Canto aus blenden uns die Lichtkegel zweier entgegenkommender Autos. Pippo hält kurz die Hand vor Augen und sagt: „Ich bin schon viel zu lange weg, als dass hier noch weiter mein Zuhause sein kann. Ich war einer von diesen Menschen, jetzt bin ich es nicht mehr." Diese Worte erinnern mich an das Lied ‚Per un Amico' (Für einen Freund), das Pippo in der Zeit seines Aufbruchs geschrieben hat und das die schon damals nagende Zerrissenheit zu seiner Heimatstadt ausdrückt:

„Palermo, ja!
In dieser Stadt kann man plötzlich überschnappen.
Palermo ist ein Loch voller Farben
Ist ein Haufen Fehler, Schreie und Wärme.
In deinen nachtschwarzen Augen
Sehe ich eine Träne, die runterkullert
Und jetzt kann dich nichts mehr binden
An diese Mauern, an diese Häuser
Und an die Haare dieses Kindes
Das noch immer mit Abfällen spielt."

Die beiden Autos fahren an uns vorbei. Eines davon ist ein Polizeiwagen, der auf nächtlicher Streife unterwegs ist. Mich beruhigt das, doch Pippo schaut dem blau-weißen Wagen hinterher und sagt zu mir: „Es ist einfach nicht mehr das Gleiche."

Eine Wüste im Meer

Die Fischerboote schaukeln sanft im lauen Wind und wehren sich in regelmäßigen Abständen mit einem schmatzenden Geräusch gegen die am Rumpf anschlagenden Wellen. In ihren Farben weiß, gelb, grün und blau sind sie die bunten Tupfer im Hafen von Mondello, der unter einem satt dunkelblauen Himmel liegt. Es ist Sommerzeit und es ist Ferienzeit, was bedeutet, dass der Sand am Strand wegen der vielen Menschen nur noch an wenigen Fleckchen zu sehen ist. Es ist ein Gewusel und Durcheinander aus Körpern. Der Strand ist überfüllt mit lärmenden und lachenden Menschen, die hier Entspannung suchen. Es scheint so, als ob alle Palermitaner auf einmal an diesem heißen Julitag vor der Hitze der Stadt geflüchtet sind, die sich von dieser Bucht aus kaum sichtbar unter einer Dunstwolke und hinter dem Monte Pellegrino versteckt. Palermo, die Stadt, in der Pippo seine Kindheit und seine Jugend verbracht hat, eine Jugend, die überschattet war von den schweren Krakenarmen der Mafia, die die ganze Stadt im Griff hatte. In dem Lied „Per un Amico" (Für einen Freund) hat er sich für seine Geburtsstadt folgende Zeilen ausgedacht:

„Palermo ist ein Graben
Eine Wüste im Meer.
Palermo ist ein Hafen der Sonne,
wo Licht und Verrücktheit sich
um Nahrung streiten."

Pippo und ich sitzen fernab vom Strandtrubel in einem gemütlichen Fischrestaurant und blicken hinüber zu eben dieser Stadt. Ganz hinten im Dunst der Metropole sehen wir, wie sich ein gigantisches Kreuzfahrtschiff gemächlich und majestätisch seinen Weg hinaus ins Meer und in die Welt bahnt.

Das Meer. Für Pippo hatte es immer eine ganz besondere Bedeutung. Er sagt zu mir: „Für Menschen, die wie ich auf einer Insel aufgewachsen sind, ist die Weite des Meeres eine Herausforderung. Es ist eine natürliche Grenze und wird immer ein Element deines Daseins bleiben. Ein Element, das dich unweigerlich vom Kontinent trennt. Alle Insulaner haben einen ungeheuren Respekt vor dem Meer. Und viele Sizilianer können, so wie ich auch, aus diesem Grund nicht schwimmen."

Pippo folgt mit den Augen einem aufs Meer hinausfahrenden Motorboot, auf dem zwei junge Frauen in der Sonne liegen und den Fahrtwind genießen. Zu mir gewandt meint er: „Das Meer hat nicht nur romantische Aspekte, es hat eine große Kraft und kann durchaus auch eine große Gefahr sein."

Auf seiner ersten CD „Aspettando che sia mattino", die 1986 erschienen ist und deren Lieder stark von seinem Fortgang aus Sizilien geprägt sind, bildet im gleichnamigen Lied „Warten auf den Morgen" das trennende Meer eine Verbindung zwischen dem reisenden Sänger und den daheim Gebliebenen. Pippo textete damals:

„Und wenn es im Norden dieser Landschaft
keine Strände anzuschauen gibt,
dann bitte leih den Augen des Mondes eine Träne.
Dann geh auf der Mole spazieren
Wenn es draußen still ist und regnet
Und alle Leute schlafen gehen
Dann ist es unser Herz, das schlägt
Bei jeder Welle des Meeres
werden wir auf den Morgen warten."

Für Pippo war diese natürliche Grenze aus unendlichen Wassermassen und Tiefe in seiner Kindheit und Jugend wohl immer eine schwere Last. Er sagt: „Wenn du auf dem Kontinent aufgewachsen bist, kannst du das wohl nicht richtig verstehen. Du kannst von Ulm nach Bayreuth laufen, oder nach Budapest und Paris. Du kannst überall hin gehen und irgendwann wirst du schon ankommen. Ein Palermitaner kann nicht einfach irgendwohin gehen. Wir sind immer mit dem Meer konfrontiert." Gedanken über das Meer findet man vor allem auf seiner ersten CD. In dem vorher bereits erwähnten Lied „Per un Amico" (Für einen Freund) singt Pippo weiter:

„Mein Freund, wohin auch immer du gehen magst
Ich hoffe, dass ich dir eines Tages nachkommen kann
Aber in der Nacht
Wenn es nicht regnet
geh´ raus und sieh dir den Mond an
und vergiss nie das Meer..."

Zwei von Zweien

Giovanni dreht sich kurz um und zeigt auf den Monte Pellegrino, den ich hinter seinem Rücken durch das offene Fenster des Restaurants erkennen kann: „Dort oben oder dahinter in der Stadt oder auch an seinen Ausläufern, die zum Strand von Mondello führen, haben Pippo und ich gemeinsam einen großen Teil unserer Jugend verbracht. Meistens waren wir in der Nacht unterwegs, wenn die anderen Jugendlichen schon daheim waren."
Er dreht sich zu Pippo und mir um und erzählt weiter: „Wir haben wirklich eine Jugend in einer nahezu toten Stadt verbracht, in der es vor zwanzig Jahren kein offenes Café oder Restaurant gab. Wenn wir wissen wollten, wie denn das Leben in anderen Städten ist, zum Beispiel in Paris oder Berlin, so mussten wir uns das in unserer Fantasie ausmalen."
Das weltumspannende Internet war noch unbekannt, als die beiden Freunde in einer trostlosen und gefährlichen Umgebung aufwuchsen. Wie würde die Zukunft aussehen? Damals war es unvorstellbar, dass es einmal Handys geben wird, mit denen man sogar fotografieren kann. Pippo erinnert sich: „Um zu wissen, wie es anderswo ist, musste man auf einen Brief aus der Ferne warten. In diesen Jahren haben wir uns sogar mit Magie und

Esoterik befasst. Das war für uns eine Möglichkeit, der grauen Realität zu entfliehen. Und dabei waren wir doch eigentlich rational denkende und politisch engagierte Jugendliche."

Ich frage sie: „Wann habt ihr euch eigentlich zum ersten Mal gesehen?" Giovanni antwortet: „Das war im Jahr 1979. Nach dem Besuch einer Ausstellung lateinamerikanischer Musikinstrumente im Teatro Massimo hat Pippo auf der Straße durch Zufall meinen Bruder kennengelernt, der ihn spontan in unsere Wohnung einlud, in der auch ich war. Von diesem ersten Treffen an waren wir eigentlich unzertrennlich."

Pippos Wegbegleiter durch unsichere Jugendzeiten ist noch heute sein bester Freund. Daran konnte auch die Tatsache nichts ändern, dass Pippo 1985 auf dem Bahnhof von Palermo für unbestimmte Zeit Abschied nahm. Er hatte genug von diesem Leben ohne Perspektiven, wollte einfach nur weg, erst aufs Festland und dann noch weiter – wollte alles, nur nicht mehr auf dieser Insel bleiben. Auch wenn der Freund zurückblieb.

Als ich diese kurze Geschichte höre, denke ich mir, dass die Musik in Pippos Leben wirklich eine außergewöhnliche Rolle spielt und wohl auch immer gespielt hat. Sogar seinen besten Freund hat er durch seine Liebe zu lateinamerikanischen Rhythmen getroffen!

Pippo sagt heute: „Die Trennung war für unsere Freundschaft gar nicht so schlimm. Denn ab einem bestimmten Punkt ist es gar nicht mehr so entscheidend, wieviel Zeit man miteinander verbringt. Wenn man voneinander getrennt lebt, muss man die Freundschaft neu konzipieren und lernen, die Energie an dem Punkt freizusetzen, wo sie nötig ist. Brauchen denn wahre Freunde die per-

manente Bestätigung der Exklusivität ihrer Beziehung?
Man weiß, dass es so ist, wie es ist. Und wenn es nötig
wird, so schließt man sich eben wieder für ein paar Tage
zusammen. Die Nähe kommt doch dann sehr schnell
wieder." Giovanni war immer ein treuer Begleiter von
„Agricantus", saß wann immer es möglich war im Publikum. Er war es damals auch, dem Pippo seine ersten
eigenen Lieder vorspielte. Und er ist auch derjenige, den
Pippo oft in seinen Liedern anspricht. Auch das 1999 auf
der CD „Rossocuore" erschienene Lied „Due di due"
(Zwei von Zweien) ist seinem Freund gewidmet, für den
Pippo unter anderem folgende Zeilen geschrieben hat:

„Weißt du noch, Giovanni, die Worte der
Orangenblüte,
die Schatten von Segesta
und die Schüsse auf den Plätzen.
Ich hab´ es nicht vergessen, weißt du,
den Geruch der Erde, wenn es plötzlich regnet.
Und wir`stumm unter einem Dach."

Bei der Begegnung mit Giovanni und Pippo hier in Mondello, vor der Kulisse des Monte Pellegrino, spüre ich,
dass die beiden Freunde eine grenzenlose Vertrautheit
verbindet. Für Pippo ist das die Basis einer festen Beziehung. Er nimmt ein gefülltes Glas vom Tisch und sagt:
„Schau, wenn dieses Glas mit dieser bestimmten Flüs-
sigkeit Freundschaft bedeutet und ich damit sehr viele
Gläser fülle, dann werde ich letztendlich keines richtig
füllen können. Doch fülle ich nur drei oder vier, dann
kann ich genügend geben. Deshalb habe ich nur wenige richtige Freunde, denen ich die Zeit geben kann, die
sie verdienen. Ich habe durch meinen Beruf als Musiker
nur wenig Zeit. Gebündelt kann ich meine Energie

jedoch 24 Stunden am Tag den wirklichen Freunden ganz bewusst geben. Und diese Intensität bekomme ich von meinen wahren Freunden auch zurück. Egal, wo ich mich gerade befinde." In „Due di due" singt Pippo:

„Weißt du noch, Giovanni,
der Zug, der Bahnhof, die Sonne am Mittag
warte auf mich, ich komme wieder
die Welt ist so groß und größer die Hoffnung."

Dottore und Cantautore

Salvo Siciliano hat nur wenig Zeit. Nachdem er seine Vespa vor dem Lokal in der Innenstadt von Palermo abgestellt hat, begrüßt er Pippo und mich mit den entschuldigenden Worten: „Tut mir leid, aber in einer halben Stunde muss ich wieder im Krankenhaus sein." Salvo ist leitender Arzt in einem Hospital der Stadt. Und wenn er spricht, dann denkt man unwillkürlich, dass diese samtweiche Stimme allein schon genügen müsste, um sämtliche Krankheiten auf dieser Welt zu heilen.

Der Dottore und der Cantautore. Salvo und Pippo. Die beiden sehen sich heute nach vielen Jahren zum ersten Mal wieder. Das spürt man schon an ihrer innigen Umarmung, die herzlicher und sanfter nicht sein kann. Dann macht mich Pippo mit seinem Freund aus Jugendtagen bekannt: „Stefan, das ist Salvo, der mit mir meine erste Band gegründet hat: Agricantus." Salvo begrüßt auch mich mit seiner samtenen Stimme und wir setzen uns gemeinsam an einen Tisch. Das Café, in dem wir uns getroffen haben, liegt nicht weit vom Hafen der Stadt entfernt, und ich frage die beiden, wie lange sie sich eigentlich schon nicht mehr gesehen haben? Pippo antwortet: „Mein erster Auftritt in Palermo nach meiner Abreise war zugleich auch unser letztes Treffen.

Salvo kam damals als Gast zu dem Konzert, das Leoluca Orlando für mich organisiert hatte. Seit dieser Zeit haben wir uns nicht mehr gesehen."

Salvo und Pippo. Beide hat in ihrer Jugendzeit die Liebe zur südamerikanischen Musik zusammengeführt, die die Wurzel für Pippos Schaffen ist. Gemeinsam gründeten sie deshalb 1979 ihre Band „Agricantus" und zogen kreuz und quer durch Sizilien. Einmal traten sie sogar in der ehemaligen DDR auf. Salvo erinnert sich noch an das erste Konzert: „Das war quasi ein Experiment. Wir haben ausprobiert, ob man Musik und Theater verbinden kann." Und der Arzt erinnert sich auch schmunzelnd, wie euphorisch sie während der Anfangszeit waren: „Wir waren sicher, dass wir eine unheimlich bedeutende Musik machten."

Als Pianist der Gruppe habe er immer am meisten Kontakt zu Pippo gehabt. Und Salvo war es auch, der als erster spürte, dass Pippo nach vielen gemeinsamen Jahren und unzähligen Auftritten in ganz Sizilien etwas alleine machen möchte und muss: „Wenn Pippo sich nicht von uns gelöst hätte, dann, glaube ich, wäre seine musikalische Entwicklung einfach stehen geblieben."

1985 stieg Pippo aus der gemeinsamen Musikgruppe aus und verließ noch im selben Jahr Sizilien. Ein Jahr später, 1986, ging auch Salvo: „Es war das Jahr, in dem ich mich entscheiden musste zwischen einem Beruf oder der Musik." Salvo entschied sich damals für ein Medizinstudium, wurde Arzt und blieb dennoch die ganzen Jahre über der Musik treu. Heute setzt er als Leiter des Bereiches Gesundheitserziehung Musik als eine Form der Therapie ein. Jahre später verbindet er nicht, wie beim ersten gemeinsamen Auftritt mit „Agricantus"

Musik mit Theater, sondern Musik mit Medizin. Auch Pippo war damals auf der Suche. Aber für ihn stellte sich die Frage nie wirklich, ob er sich für einen Beruf oder die Musik entscheiden sollte. Denn für Pippo war die Musik von Anfang an sein Beruf. Oder besser: seine Berufung. Und das wohl schon von Kindesbeinen an. Pippo konnte sich irgendwann nicht mehr vorstellen, dem Wunsch des Vaters entsprechend Jurist zu werden und einen großen Teil seines Lebens an einem Schreibtisch in einer Kanzlei zu verbringen.

Nach einer halben Stunde muss Salvo tatsächlich gehen. Seine Patienten warten auf ihn. Pippo begleitet ihn zu seinem Motorroller. Als sie sich auch zum Abschied umarmen, wird mir klar, dass die gemeinsame Zeit bei „Agricantus" beide bis heute noch sehr stark miteinander verbindet. Keiner weiß in diesem Augenblick, wann sie sich wieder einmal sehen werden. Aber das ist auch gar nicht entscheidend. Denn Pippo und Salvo, Cantautore und Dottore, haben eine gemeinsame Liebe, die jeder für sich, auf seine Art, weitergibt. Die Musik.

Die Villa Helena

Palermo. Ein Vorort. Wir fahren auf einer schmalen Straße, die zwischen zwei großen Ausfallstraßen verläuft, die die Autofahrer aus der Stadt hinaus bringen. Pippo sitzt am Steuer und deutet mit der Hand aus dem Fenster hinaus, hinüber auf die andere Straßenseite: „Da ist sie."

Sie, das ist die Villa Helena, von der aber aus dieser Position nicht mehr zu sehen ist als zwei, drei Quadratmeter Hauswand. Sie steht zu weit nach hinten versetzt und die Mauern, die das Grundstück abschirmen, sind zu hoch. Aus dem Auto heraus kann ich erkennen, dass es keine Möglichkeit gibt, auf das Grundstück zu gelangen. Das Gittertor ist fest verriegelt. Pippo möchte wohl auch gar nicht hinein und gibt Gas. Und so fährt er an dem Ort vorbei, an dem er, wie er sagt, die schönste Zeit seines Lebens verbracht habe. Dieses vielleicht ganz unbewusste Durchdrücken des Gaspedals hat für mich in diesem Augenblick einen stark symbolischen Charakter. Denn Pippo ist ein Wanderer, einer, der von Zeit zu Zeit weiterziehen muss, ein „gewachsenes Nomadenherz", wie er sich selbst in seinem Lied „Due di due" beschreibt. Und die Zeit in der Villa Helena, mag sie auch noch so schön gewesen sein, ist nun eben vorbei. Und zwar für immer. Heute kommt man nicht einmal mehr durch das Gittertor. Doch Pippo wirkt in diesem Moment, als wir die Villa Helena hinter uns lassen, nicht traurig. Vorbei ist eben vorbei. Ich überlege, wie dieser Realist eigentlich so schöne poetische Texte schreiben kann. Wie viele Seelen wohnen in Pippo?

Später sitzen wir in einem Café und Pippo erzählt mir von dieser Zeit: „Als ich damals diese herrliche Barock-Villa entdeckt habe, war sie noch von einer Bombe des zweiten Weltkrieges zerstört, obwohl der Krieg zu diesem Zeitpunkt schon ganze vierzig Jahre vorbei war. Alles war verlassen, das Haus und der wunderschöne Park. Alles war wild, das war das Schöne. Der Garten war wie ein Dschungel und erst nach hundert Metern warst du am Haus, dessen rechter Flügel komplett zerstört war, der linke nur halb. Dort hat mir der damalige Besitzer erlaubt, den ersten Proberaum für meine Band einzurichten. Und dort habe ich auch gewohnt. Ich war damals 21 Jahre alt und wollte weg von Zuhause." So wurde die Villa Helena für einige Monate das neue Heim von Pippo: „Ich weiß noch, wie ich mit Salvo Siciliano, dem Pianisten von ‚Agricantus', auf einen Masten vor der Villa geklettert bin und illegal Strom abgezapft habe." An den Abenden hat Pippo das Cancello, das Gittertor, immer offen gelassen, sich mitten in den Hof gesetzt und angefangen, auf der Gitarre zu spielen. Nur so. Für sich. Dennoch waren diese Momente wohl so etwas wie seine ersten Solokonzerte: „Ich habe gewusst, dass ab einer bestimmten Uhrzeit die Leute kommen werden, um mich zu besuchen. Jeden Abend war irgendjemand da, auch Menschen, die ich nicht gekannt habe. Sie sagten, sie hätten gar nicht gewusst, dass hier jemand wohnt." Oftmals wurde Pippo in dieser Zeit gefragt, wie er heiße, wer er sei: „Es kamen einfach Freunde von Freunden von Freunden. Auch viele Menschen aus anderen Ländern waren dabei, aus Brasilien, aus Österreich oder aus Deutschland, die alle nicht wussten, wo sie die kommende Nacht verbringen sollten. Es waren alles meine Gäste." Was Pippo so genoss, war die Tatsache, dass jeder Tag anders war. Er dachte: Heute ist heute und gestern schon wieder so weit weg. „Alles war möglich. Alles war offen. Ich wachte morgens auf und dachte, mal sehen, was der Tag heute bringt. Mit 21 Jahren denkst du nicht daran, mit welchem Geld du deine Miete bezahlst. Das Leben war groß. Es war wie ein riesiger Horizont, ich konnte nicht glauben, wie weit er war." Pippo wird für kurze Zeit sehr nachdenklich. Es scheint so, als ob er für einen Moment noch einmal seine Lieder von damals, die Gesichter der Menschen in der Villa Helena, die zerstörten Mauern und den verwilderten Garten vor sich sieht. Er sagt: „Es war wirklich die schönste Zeit meines Lebens."

Viele Elefanten

Palermo. Via Dante. Wie von Geisterhand öffnet sich plötzlich das Eisentor und gibt den Weg frei zu Leoluca Orlando. Auf einem gepflegten Kiesweg gehen Pippo und ich um die imposante Jugendstilvilla im Zentrum der Stadt herum. Der Eingang ist auf der Rückseite des Hauses. Kurz bevor sich das mächtige Tor hinter uns wieder schließt, huscht noch schnell ein junger kahlrasierter Mann auf seiner Vespa hindurch. Als wir einige Minuten zuvor auf dem Gehsteig vor dem Haus darauf warteten, dass man uns hinein lässt, war mir der Mann schon aufgefallen. Er saß auf seinem Motorroller an einer gegenüberliegenden Straßenecke und telefonierte ununterbrochen. Oder tat er nur so als ob er sprechen würde? Ich versuche mich zu beruhigen. Ein telefonierender Italiener auf einer Vespa ist hier doch nun wirklich keine ungewöhnliche Erscheinung. Doch was macht er jetzt hier auf dem Grundstück? Gehört er zum Personal? Hat er die Chance genutzt, herein zu gelangen, ohne läuten zu müssen? Gehört er zum Personenschutz oder ist er ein Attentäter? Oder bin ich heute einfach nur nervös, weil ich in wenigen Augenblicken den Mann treffen werde, der sich mit seinem Kampf gegen die Mafia einen internationalen Ruf erworben hat und der vielleicht auch noch heute ein begehrtes Ziel für Attentäter darstellt?

Pippo nimmt den jungen Mann gar nicht wahr und so mache ich mir auch keine Gedanken mehr. Auf halbem Weg um das Haus herum kommen wir an einem großen Steineelefanten vorbei. Ein starkes Tier als Symbol des Schutzes? Ist der Mann, dem es in den vergangenen Jahren durch einen ausdauernden Kampf gegen die mafiösen Strukturen in Stadt und Land gelungen ist, dass die Menschen nun wieder in einer erblühenden Stadt leben können, noch heute im Visier der Mafia?

Das Lächeln von Leoluca Orlando, der uns im Foyer begrüßt und in sein Arbeitszimmer führt, beruhigt mich. Er bietet uns Stühle an und verschwindet augenblicklich hinter seinem schwer beladenen Schreibtisch. Zwischen ihm und uns stapeln sich Bücher, ganz oben liegt die Biografie von Hillary Clinton, daneben unzählige unge-öffnete Briefe und Manuskripte. Unter dem Tisch quillt eine Aktentasche geradezu über mit Unterlagen. Leo-luca Orlando trägt einen blauen Anzug mit weißem Hemd und Krawatte, zwischen den Fingern seiner rech-ten Hand qualmt eine halb gerauchte Zigarre. Er sieht unendlich müde aus.

Er ist auch heute noch, vier Jahre nach seinem Aus-scheiden als Stadtoberhaupt, ein viel beschäftigter Mann. Der 57 Jährige ist unter anderem Präsident des „Istituto per il Rinascimento Siciliano", Abgeordneter und Oppositionsführer im sizilianischen Regionalparla-ment und Initiator des „Weltweiten Kultur- und Wirt-schaftsnetzes der Menschenrechte". Leoluca Orlando ist der Mann, der Pippo 1996 nach elf Jahren zu seinem ersten Konzert in seiner Heimatstadt bewegen konnte.

Seit dieser Zeit verbinden den Politiker und den Sänger der Wunsch, Palermo mit neuem Leben zu erfüllen. Der eine tut dies auf politischer, der andere auf kultureller Ebene. Dieses gemeinsame Anliegen führt Leoluca Orlando und Pippo auch heute immer wieder zusammen.

Trotz der enormen Arbeitsbelastung von Leoluca Orlando genügten gestern zwei Telefonate von Pippo, die uns heute Tür und Tor zu diesem berühmten Mann geöffnet haben. Wohl ein Zeichen dafür, wieviel Respekt der Politiker dem Musiker entgegenbringt.

Ich schaue mich um. Der etwa vier Meter hohe Arbeitsraum ist überfüllt mit Andenken und Präsenten aus aller Herren Länder: Briefbeschwerer, Lupen, Urkunden, Heiligenbilder und Madonnen. Dazwischen hängt – ganz weltlich – eine Schürze aus Alfred Bioleks Kochsendung „Alfredissimo", in der Leoluca Orlando vor einigen Wochen zu Gast war. In den Regalen stehen, hängen und liegen Fotos: Leoluca mit Putin, Leoluca mit dem ehemaligen deutschen Bundespräsidenten Johannes Rau, Leoluca mit Arafat, mit dem Dalai Lama... Ich merke sehr schnell, dass hier ein Sammler wohnt und ein Politiker arbeitet.

Leoluca Orlando hat Pippo in Brüssel kennen gelernt, in einer kleinen Bar haben sie ihren ersten gemeinsamen Kaffee getrunken. Später hat er ihn in der Schweiz besucht, wo die beiden bis zum Morgengrauen diskutiert haben. Dann folgte die Einladung von Leoluca Orlando nach Palermo zu kommen, wo der damalige Bürgermeister eine Pressekonferenz zur Präsentation des Buches „Camminando, Camminando" organisierte und somit die Tür zum ersten öffentlichen Auftritt nach dem

Weggang des Sängers aufstieß. Leoluca Orlando: „Ich habe die CD ‚Il giorno del falco' gehört und mir gedacht, dieser Musiker muss einfach wieder in seiner Heimat Sizilien spielen." Und Pippo fügt hinzu: „Leoluca hat mich motiviert. Eigentlich hätte ich auch ohne ihn ein Konzert geben können, in einem kleinen Rahmen, aber es wäre niemand gekommen. Niemand hatte mich zu dieser Zeit hier gekannt. Ich war ein Unbekannter. Doch durch die Pressekonferenz waren die Medien da und dadurch wurde man auf mich aufmerksam. Dafür werde ich ihm ewig dankbar sein."

Für Leoluca Orlando ist Pippo durch seinen Fortgang aus Sizilien und den Aufbau seiner Karriere im Ausland ein „europäischer Bürger" geworden, der jedoch immer „ein Sizilianer geblieben ist".

Plötzlich tritt der junge Mann, der vorhin auf seiner Vespa hinter uns her fuhr, ins Arbeitszimmer. Leoluca Orlando gibt ihm einen Brief und gibt ihm einige Anweisungen. Ich atme auf. Er ist ein Angestellter.

Dann wendet sich Leoluca Orlando wieder an mich: „Pippo ist ein Pendler. Ein sizilianisches Sprichwort sagt, dass derjenige, der wegfährt, Erfolg haben wird. Das ist wahr. Aber heute kann man auch wieder zurückkommen." Und dazu hat dieser müde Mann, der mir gegenüber an seinem überfüllten Schreibtisch sitzt, sehr viel beigetragen. Aber viel bedeutender scheint ihm zu sein, welche Botschaften Pippo mit seinen Liedern außerhalb seiner Heimat verbreiten kann. Leoluca Orlando sagt: „Sizilien wurde in den vergangenen 50 Jahren in der ganzen Welt vor allem durch zwei Kunstwerke bekannt. Durch den Film ‚Der Pate' und den Roman ‚Der Leopard'. Beides sind unbestritten wunderschöne Werke, die jedoch die Gesellschaft der Mafiosi verharmlosen, sie als nette Leute zeigen. Das Negative wird positiv dargestellt." Für Leoluca Orlando geht Pippo mit seinen Liedern diesen Weg nicht: „Für mich ist er ein Anti-Pate und ein Anti-Leopard. Deshalb ist es wichtig, dass Pippo auch weiterhin ein Pendler zwischen Sizilien und dem Rest Europas bleibt."

Auch wenn Pippo heute nicht mehr sehr gerne über das Leben mit der Mafia spricht, so beschäftigt ihn diese Vergangenheit noch immer und wird es wohl auch in der Zukunft tun. Auf seiner ersten CD „Aspettando che sia mattino" (Warten auf den Morgen) singt der Anti-Leopard in „Una Canzone di Notti" (Nachtlied):

„Manchmal diskutiere ich stundenlang
über Frieden, Antimafia und über Menschen,
die dann sterben.
Wenn ich heimkomme,
fühle ich mich wie durchgeprügelt,
wie ein Hund, der seinen Herrn nicht mehr findet."

Leoluca blickt nun auf einmal nachdenklich: „Vielleicht wird Pippo auch einmal Politiker. Oder ein Schauspieler. Oder er eröffnet ein Restaurant. Denn ich glaube, dass er eines Tages nicht mehr singen, sondern etwas ganz anderes machen wird. Doch eines ist klar, er wird sich und seinen Anschauungen immer treu bleiben. Er ist ein Wanderer." Auch Leoluca Orlando ist auf gewisse Weise ein Reisender. Er blickt auf seine Armbanduhr und bittet uns um Entschuldigung, er müsse jetzt gehen. Weitere Geschäfte wollen erledigt werden. Wir stehen auf und er führt uns in einen riesigen Wohnbereich, der überfüllt ist mit Elefanten aus der ganzen Welt: aus Stein, Glas, Porzellan, Holz. Elefanten in allen Farben und Größen. Er zeigt Pippo und mir eine Plakette der US-republikanischen Partei, die sein Lieblingstier sogar in ihrem Emblem trägt. Leoluca Orlando hat sie bei einem Besuch in Washington für einen US-Dollar erstanden. Er zuckt mit den Schultern und lacht: „Niemand ist perfekt. Ich bin in erster Linie Sammler, dann Politiker." Leoluca Orlando ist ein Politiker, der sein Leben für den Kampf gegen das organisierte Verbrechen riskiert hat. Aus Liebe zu den Menschen in seiner Stadt. Eine Liebe, die er mit Pippo teilt.

Im Nachtlied heißt es weiter:

„Aber zum Glück organisieren wir
manchmal einen Marsch
Zwischen Kirchen und Parteien
Um uns daran zu erinnern,
dass es nur eine Mutter gibt
Und dass wir alle Brüder sind,
vereint durch ein einziges Ideal.
Aber wenn sie für einen Fackelzug
Zu Zehntausenden auf die Straße gehen
Dann frage ich mich doch,
wer wohl die Mafia erfunden hat."

Leoluca begleitet uns zur Tür. Im Hof der Villa steht für ihn bereits ein Auto mit zwei Uniformierten bereit.

Hundert Schritte

Der Friedhof von Cinisi ist schwer zu finden. Obwohl uns eine Bewohnerin an der Hauptstraße des kleinen Städtchens, das etwa 40 Kilometer westlich von Palermo ganz in der Nähe des „Aeroporto Internazionale di Falcone-Borsellino" liegt, den Weg weist, finden wir ihn erst nach etwa zwanzig Minuten angestrengter Suche. Immer wieder muss Pippo, der am Steuer des Wagens seines Vaters sitzt, umdrehen und suchend neue Straßen erkunden. Sein Freund Giovanni ist der Beifahrer, ich sitze im Fond des Wagens. Freie Mietautos gibt es Mitte August so gut wie keine auf Sizilien. Zuviele Touristen sind hier, die in der heißen Mittagszeit ganz bestimmt an den Stränden in der Sonne liegen.

Dann finden wir ihn. Der Friedhof liegt ein bisschen versteckt zwischen zwei Industriebetrieben. Hierher verirrt sich ganz bestimmt kein Urlauber. Wieso auch? Doch wir haben einen Grund hier zu sein. Wir lassen das Auto auf dem leeren Parkplatz vor dem Eingang zurück und gehen durch das geöffnete Eisentor. Für kurze Zeit verschwindet Pippo in einem kleinen Häuschen, das hier gleich links neben dem Haupttor steht. Er fragt den „Custode", den Friedhofswärter, nach dem Weg zu Peppino. Der steht auf und zeigt mit der Hand einen Gang entlang. Wir folgen seinem Zeichen. Es ist nicht weit. Nicht mehr als hundert Schritte. Der Friedhof von Cinisi ist wie eine kleine Stadt, in der die Toten wohnen. Enge gepflasterte Gässchen durchziehen quadratisch geordnet das Areal. Ab und zu versucht ein Baum fast trotzig sein Recht auf ein frisches, bewässertes Leben einzufordern. Links und rechts der Wege stehen die Gräber wie Häuser angeordnet. Jedes hat seinen eigenen Eingang und dient neben der Aufbewahrungsstätte der Toten auch als Kapelle.

Nach wenigen Schritten sind wir am Grab von Peppino Impastato, jenes jungen Sizilianers, der im Mai 1978 von der Mafia ermordet wurde. Warum? Peppino war zu laut, zu mutig, zu unangenehm. Und er war gerade einmal 30 Jahre, als sein Herz zu schlagen aufhörte. Seine Leiche fand man damals unweit einer Bahnstrecke, genau an dem Tag, an dem man in Rom auch den toten Aldo Moro fand, des in ganz Italien so populären Politikers, der von den Roten Brigaden entführt und hingerichtet worden war. Dieser Name und diese abscheuliche Tat beherrschten damals die Schlagzeilen der nationalen und internationalen Presse. Pippo fragt mich: „Doch wer kannte Peppino? Und wer wollte ihn zu dieser Zeit in Sizilien kennen? Er war ja kein populärer Politiker."

Als man den toten Peppino fand, war Pippo 15 Jahre alt. 25 Jahre später widmete er dem Ermordeten auf der CD „Racconti Brevi" das Lied „Centopassi" (Hundert Schritte). Der Titel bezieht sich auf die Entfernung, in der das Opfer zu seinen mutmaßlichen Tätern gewohnt hat:

„Kein Feuer, kein Messer, kein Schwert
Auf einer Treppe vom Sonnenaufgang träumen
Einen nie geschriebenen Reim aufsagen
Ein einsames Lied
Diese Zeit muss vorbeigehen..."

Das Grab von Peppino Impastato ist mit roten Rosen geschmückt. Von wem sind sie? Hat der Tote noch Verwandte in der Stadt? Sind sie von seiner Mutter, die seit über einem Vierteljahrhundert um ihren mutigen Sohn trauert? Auch der mutige Initiator der auf der Sargkammer eingemeißelten Inschrift ist nicht bekannt: „Giuseppe Impastato. Rivoluzionario e Miloitante Comunista Assasinato dalla Mafia Democristiana." Übersetzt bedeutet das: „Giuseppe Impastato. Revolutionär und militanter Kommunist, der von der christlich-demokratischen Mafia ermordet wurde. Pippo und Giovanni sind beeindruckt von diesen klaren Worten, die die damalige Regierungspartei verurteilt.

Ich fühle mich hier unwohl. Werden wir beobachtet? Ich frage mich, ob die Strukturen der sizilianischen Mafia wirklich unwiderrufbar zerstört sind? Peppino ist tot. Für wen oder was ist er gestorben? Pippo wird sein Schicksal niemals vergessen. Ob in Rom, Mailand, Berlin oder Bern. In all diesen Städten wird er auch in zukünftigen Konzerten die Menschen mit folgenden Worten auf das Schicksal von Peppino Impastato aufmerksam machen:

„Für alle, die bessere Verse schreiben
Alle, die ihr Leben riskiert haben
Alle, die eine Lösung gesucht haben.
Und das Leben wartete auf ihn
Mit offenen Armen wartete es auf ihn,
um die Ecke wartete es auf ihn."

Neue Lieder in alten Gassen

Die Bäume im Park auf dem Piazza Marina warten in der Dunkelheit auf den nächsten Morgen. Sie warten darauf, ihre uralte Schönheit den Touristen am nächsten Tag erneut zur Schau stellen zu können. Touristen auf dem Piazza Marina, das gab es viele Jahre nicht mehr. Palermo ist wie eine gealterte attraktive Frau, die lange Zeit schwer verletzt war. Jetzt gesundet sie nach und nach und erhebt sich immer öfter aus ihrem Krankenbett. Doch Palermo hat noch viele Wunden, wenngleich einige auch schon ganz gut verheilt sind. Dazu gehört eben auch die Piazza Marina, Pippos Lieblingsplatz in seiner Heimatstadt. Um elf Uhr abends sitzen hier vereinzelt Gäste in einem kleinen Lokal, gleich gegenüber des Parks. Lachen ist zu hören, und knatternde Motorroller. Das war nicht immer so. Auch rings um den Platz wurde noch bis vor ein paar Jahren gemordet. Die Mafia hatte ihre grausamen Finger in die ganze Stadt gekrallt.

Die Veränderung zum Guten, die Rekonvaleszenz dieser Stadt ist nicht nur sichtbar, manchmal ist sie auch hörbar. So wie heute. Wenige Meter von dem Ristorante entfernt beginnt sich ein enges Gassengeflecht zu entfalten. Immer tiefer geht es in die Stadt hinein. Statt Schüssen hört man hier jetzt Töne. Es sind Gitarren- und

Bassläufe, die noch nie ein Mensch zuvor gehört hat. Pippo ist bei dem Bassisten Luca Lo Bianco zu Hause, der ihn auf der Tour 2005 begleiten wird.

Ich sitze auf dem kleinen Balkon der Wohnung von Luco Lo Bianco und höre den beiden zu. An diesem Abend hört der Bassist zum ersten Mal einige Stücke für die neue CD „Bar Casablanca", die Pippo in den vergangenen Wochen geschrieben hat.

Bei der Auswahl seiner Musiker hat es sich Pippo nie leicht gemacht. Er weiß, dass er damit Karrieren in Gang bringen kann. Auf dem Weg zu seinem neuen Bassisten sagte er vor ein paar Minuten zu mir: „Für meine Musiker ist es eine große Chance. Sie können sich eine neue Realität schaffen und eine neue Identität entwickeln. Das wird immer so sein, solange ich Musiker, gerade aus meiner Heimat Palermo, bitten werde, mich für die nächsten Monate zu begleiten. Eine Tourneezeit ist immer auch ein Stück Lebenserfahrung."

Doch Pippo ist sich durchaus auch der großen Verantwortung bewusst, die er auf sich nimmt, wenn er eine Band zusammenstellt. Denn dann wird er schlichtweg zu einem Arbeitgeber, der durch seine Kunst mehreren Menschen finanziellen Halt gibt. Ist er nicht gut, so bleiben die Konzertsäle leer und er kann seine Musiker nicht bezahlen. Auch Kunst ist ein Geschäft: „Die Auswahl meiner Musiker ist ganz entscheidend", sagt Pippo, „es kommt für mich nicht nur darauf an, dass sie ihre Instrument beherrschen, sondern auch darauf, ob sie zum Beispiel Frau und Kinder ernähren müssen. Und natürlich, ob sie gute Menschen sind."

Als er das sagt, muss ich unwillkürlich an Linard Bardill denken, der es Pippo vor 20 Jahren ermöglicht hatte, vor

Publikum aufzutreten. Und ich muss an den Abend zurückdenken, an dem ich Pippo das erste Mal traf: 1993 beim Konzert mit Konstantin Wecker im Ulmer Roxy. Damals bekam Pippo als dessen Gastmusiker die große Chance vor ein breites Publikum zu treten. Und heute? Heute ist er in der Position, in der er anderen Musikern Wege ebnen kann.

Mit Bleistift hat Pippo die ersten Notenfolgen auf die Partituren geschrieben. Einige sind an einem Notenständer in der Mitte des Raumes befestigt, einige davon liegen auf einem Tisch, auf dem auch eine Schale mit Zitronen und Nüssen steht. Ab und zu werden die Blätter vom Ventilator, den Luca Lo Bianco neben den Tisch gestellt hat und der an diesem Abend vergeblich versucht, ein bisschen Frische in die feuchte Hitze der Stadt zu fächern, hochgehoben.

Zu Beginn dieser spontanen Probe sind die Lieder noch Fragmente. Doch langsam, Minute für Minute, füllen die beiden Musiker das Polster für die Melodien von „Il pianiste de Montevideo" (Der Pianist von Montevideo) oder „Le petit accordéon de Monmartre" (Das kleine Akkordeon von Monmartre). Und nach und nach vermischen sich die Ideen von Pippo mit den Griffen des zukünftigen Begleiters und dringen nach draußen, wo die nie gehörten Töne in die Jahrhunderte alten nächtlichen Gassen von Palermo dringen. Nur ab und zu stören Autohupen, die von dem Piazza Marina herüberdringen, die „Geburtswehen".

Ich denke: Hier entstehen neue Lieder, die wie ein frischer Wind durch die alten, zum Teil noch verwundeten Gassen der Stadt dringen. Es ist fast so, als ob auch diese neugeborenen Lieder, ebenso wie die Bäume auf dem naheliegenden Platz, ungeduldig auf den neuen Morgen warten. Damit sie endlich ihre Aufgabe erfüllen können. Klänge, die auf ihre Art der alten Patientin helfen können, sich an einem neuen Tag wieder ein Stückchen in ihrem Bett aufzurichten.

Eine neue Wirklichkeit II

Wo ist Pippo? Es ist Mai 2003. Ich bin mit ihm im Ulmer Kulturzentrum Roxy verabredet, wo er an diesem Abend mit dem „Palermo Acoustic Quartett" auftreten wird. Für das Konzert hat der örtliche Veranstalter die kleine Bühne in der CaféBar vorgesehen, auf der Pippo seit seinem Auftritt mit Konstantin Wecker vor genau zehn Jahren immer wieder gespielt hat.

Pünktlich zum verabredeten Zeitpunkt um 17 Uhr bin ich da. Das Tor an der Rückseite der Kulturhallen ist offen und ich gehe hinein. Die kleine Bühne in der Ecke ist leer. Kein aufgeklappter Gitarrenkoffer, kein Mikrofonständer, keine Monitorbox. Nichts. Das ist mehr als merkwürdig. In drei Stunden beginnt das Konzert und hier ist weit und breit kein einziger Musiker? Jetzt fällt mir auf, dass ich auch hinter der Halle den Tourneebus der Band nicht gesehen habe, der dort aber eigentlich schon längst stehen sollte. Und zwar ausgeladen, denn die Anlage müsste zu diesem späten Zeitpunkt längst aufgebaut sein. Ich kann mir das nur so erklären, dass auf der Fahrt von Regensburg, wo die Band gestern einen Auftritt hatte, nach Ulm etwas passiert ist. Vielleicht eine Reifenpanne oder ein Motorschaden? Noch nie in all den Jahren habe ich Pippo zu spät zu einem

Konzert kommen sehen. Ich nehme mein Handy, doch bevor ich Pippos Nummer wählen kann, kommt mir ein Roxy-Mitarbeiter entgegen, der mich ziemlich verloren in der leeren CaféBar stehen sieht. „Suchst du die Band, die heute abend hier spielt?" Ich nicke und er deutet nur lässig auf die geschlossene Tür, die von hier in den großen Saal führt und murmelt: „Die spielen heute da."

Hier drinnen in dem Saal, der Platz für 800 Zuschauer bietet, wirken die Musiker etwas verloren auf der großen Bühne. Einzeln stimmen sie mit dem Tontechniker den Klang und die Lautstärke ihrer Instrumente ab. Ich gehe ein paar Schritte in Richtung Bühne und auf den Stuhl zu, der am vorderen Bühnenrand steht. Pippos Platz während des Konzertes. Auf dem Stuhl sitzt jedoch nicht Pippo, sondern Salvo Costumati, Pippos langjähriger Wegbegleiter. Dieser versucht sich gerade angestrengt in einer Mischung aus Deutsch und Italienisch mit dem Tontechniker hinter dem Mischpult zu verständigen. Ich störe ihn besser nicht und greife erneut zum Handy. Pippo meldet sich nach wenigen Augenblicken. Ich frage ihn: „Wo bist du?" „Hey Stefan, ich bin in der Schweiz." Das kann ich nicht glauben und frage nach: „In der Schweiz?" „Si. In St. Margarethen. Ich musste noch etwas holen. Zum Konzert bin ich zurück." Ich rechne kurz nach: Den Weg von St. Margarethen am Bodensee nach Ulm kann man ihn zwei Stunden schaffen. Ich denke, das ist wieder typisch Pippo, dem es nichts ausmacht, mal eben 250 Kilometer zu fahren, nur um etwas zu holen, und dann kurz nach der Ankunft auf die Bühne zu gehen und zwei bis drei Stunden zu spielen. So kenne ich ihn. Oftmals habe ich ihn schon angerufen und gefragt: „Wo bist Du?" Und meistens antwortet er: „Auf der Autobahn. Wo sonst?" Das gehört eben auch zu seinem Beruf. Pippo scheint wie geboren für dieses Leben, in dem er heute hier und morgen schon wieder ganz woanders ist. Und schließlich haben ihn diese Reisen ja auch zu dem gemacht, was er heute ist: Ein angesehener Liedermacher mit einer immer größer werdenden Anhängerschaft. Bevor wir das Telefonat beenden fragt er mich: „Weißt du, dass wir heute wegen der großen Nachfrage das erste Mal auf der großen Bühne spielen, auf der ich damals mit Konstantin aufgetreten bin?" Ich antworte: „Ja. Ich weiß." Pippo ist rechtzeitig zum Konzert zurück. Um kurz nach 20 Uhr kommt er auf die Bühne und winkt ins Publikum. Die Stuhlreihen im großen Saal sind fast alle besetzt. Er hat es verdient.

Momente

1963
In Palermo bekommt das Ehepaar Pollina seinen ersten Sohn und tauft ihn Giuseppe Eduardo. Gerufen wird er Pippo. Schnell wird klar, dass dieses Kind eine unheimliche Freude am Singen hat.

1969
Pippo ist gerade einmal sechs Jahre alt, als sich sein Leben verändert. Beim Fußballspielen auf dem Gehsteig springt er einem Ball, der auf die Straße rollt, hinterher und wird von einem Auto erfasst. Erst nach mehreren Tagen kommt er wieder zu Bewusstsein. Fast alle Knochen auf seiner rechten Körperseite sind gebrochen, seine Sehkraft lässt von diesem Tag an vehement nach: „Bis dahin war ich ein Junge, der wie die anderen Kinder täglich draußen gespielt hat und ans Meer ging. Doch meine Eltern hatten vom Tag des Unfalls an soviel Angst um mich, dass ich nie mehr mitspielen durfte. Und lange Zeit auch gar nicht konnte. In dieser Zeit führte ich quasi das Leben eines Mönches."
Pippo muss sein Leben wegen der starken Verletzung komplett umstellen und beginnt sich bereits in jungen Jahren mit Literatur und Musik zu beschäfti-

gen. Später bringt er sich selbst das Klavierspielen bei.

1979

Pippo erlernt die ersten Gitarrengriffe und beginnt einige Monate später mit den Studien der „Klassischen Gitarre und Musiktheorie" an der „Amici della Musica" Akademie in Palermo. Im gleichen Jahr beginnt er erste Konzerte mit „Agricantus" zu geben und sagt heute dazu: „Diese Auftritte waren eine Befreiung für mich."

1982

Pippo macht am 10. Juli sein Abitur, in Sizilien „Matura" genannt und erinnert sich als absoluter Fußball-Fan genau: „Es war genau ein Tag vor dem Weltmeisterschaftsfinale in Madrid, in dem Italien Deutschland 3:1 schlug."
Im selben Jahr schreibt er sich an der Universität von Palermo zum Studium der Rechtswissenschaften ein. Einer seiner Professoren ist Leoluca Orlando, der zu dieser Zeit natürlich noch nicht wissen kann, welche tiefe Beziehung ihn Jahre später mit diesem jungen Mann verbinden wird.

1983

Während seines Studiums schreibt Pippo auch für die Anti-Mafia-Zeitung „Il Siciliani", die in Catania erscheint. Ein Jahr nach der Gründung wird der leitende Journalist Giuseppe Fava erschossen.

1984

Pippo verlässt für kurze Zeit Sizilien und gibt bei einem Open Air-Konzert in Ost-Berlin sein erstes Gastspiel in

Deutschland. Auch mit „Agricantus" tritt er in der ehemaligen DDR auf.

1985

Der Wunsch den Rest von Europa kennenzulernen und die widrigen Umstände in seiner Heimat werden für Pippo zu groß. Er bricht sein Jura-Studium kurz vor den Prüfungen ab: „Es war mir total egal. Ganz zum Leidwesen meines Vaters, der mir gerne seine Anwaltskanzlei übergeben hätte. Es waren falsche Träume. Jeder soll das tun, was er will."

Am sonnigen 15. Oktober packt Pippo seine Gitarre und steigt in einen Zug, der ihn nach Florenz bringt, wo er als erste Station seiner Reise einen Bekannten besuchen will. Viele Freunde kommen zu diesem ungewöhnlichen Abschied zum Bahnhof. Keiner weiß, wie lange er weg sein wird.

1986

Statt neuer Perspektiven braucht Pippo etwas zu essen und einen Ort zum schlafen. Ihm bleibt nur die Straßenmusik. In Luzern hört ihn der Schweizer Liedermacher Linard Bardill. Es entsteht nicht nur eine tiefe Freundschaft, sondern auch eine äußerst fruchtbare Zusammenarbeit. Pippo geht mit ihm auf seine erste Tournee außerhalb Italiens und nimmt dafür seine erste Cassette „Aspettando che sia Mattino" (Warten auf den Morgen) auf, die später auch als CD erscheint – von Pippo selbst produziert. Im selben Jahr macht Pippo seine erste Solo-Tournee durch Lokale der deutschsprachigen Kleinkunstszene.

1989

Pippo bringt seine zweite CD „Sulle orme del re Minosse" (Auf den Spuren von König Minos) auf den Markt. Stefano Neri, der ihn auch als Bassist bei vielen Konzerten begleitet, wird sein erster Produzent.

1990

Pippo lernt in Zürich Christina Ross, seine zukünftige Frau, kennen, mit der er später die beiden Kinder Julian und Madlaina hat.

1991

Pippo widmet die CD „Nouvi giorni di settembre" (Septembertage) seinen Eltern und schreibt dazu im Booklet: „Aus der sonnigen Trägheit des Sommers mit all seinen Illusionen erweckt der September uns und führt uns mit seinen vollen Trauben und plötzlichen Nordwindbrisen hin zu winterlichem Pragmatismus. Die Lieder dieser Sammlung haben den langen und etwas melancholischen Atem des Überdenkens, den leicht nostalgischen Duft der Zeit, die uns unvermeidlich und unaufhaltsam zwischen den Händen zerrinnt." Mit dieser CD, die erneut von Stefano Neri produziert wird, endet für Pippo die erste Phase seines künstlerischen Schaffens: „Die Lieder der ersten drei CDs handelten fast ausschließlich von Palermo und Sizilien."

1993

Um den deutschen Liedermacher Konstantin Wecker auf einer Tournee durch Deutschland, Österreich und die Schweiz zu begleiten, sagt Pippo kurzfristig seine eigene Tour zur Präsentation seines vierten Albums

„Le Pietre di Montesegur" (Die Steine von Montsegur) ab. Die „Elegie an die Gefallenen" auf der CD, widmet er all jenen, die durch die Macht der Mafia umgekommen sind. Der Titel der CD erinnert an eine Stadt in Südfrankreich, in der während der Inquisition unter Papst Innozenz III. zehntausende Menschen ermordet wurden. Pippo schreibt dazu: „750 Frühlinge sind vergangen, noch heute aber ist es in den Ruinen von Montsegur nahe den Wäldern Andorras möglich, im Schatten seiner unvergleichlichen Sonnenuntergänge dem Wehklagen zu lauschen... und seinen verschlüsselten Botschaften."

1995
„Dodici Lettere d'Amore" (Zwölf Liebesbriefe) ist der Titel der fünften CD, auf der Pippo auch dem verstorbenen französischen Musiker Léo Ferré ein Lied widmet.

1996
Pippo erhält in Ravensburg den schwäbischen Kleinkunstpreis „Kupferle" als bester Künstler der Saison sowie den Förderpreis der Stadt Zürich.

1997
Nach einem längeren Aufenthalt in Palermo veröffentlicht Pippo seine sechste CD „Il giorno del falco" (Der Tag des Falken). Den Titelsong widmet er dem ermordeten chilenischen Liedermacher Victor Jara, aus dessen „Manifiesto" die, wie ich finde, auch für Pippo so zutreffenden Textzeilen stammen: „Ich singe, weil die Gitarre Vernunft und Gefühl kennt."
Mit dieser CD geht die zweite musikalische Phase zu

Ende, die für Pippo stark von der guten Zusammenarbeit mit seinem langjährigen Produzenten geprägt war: „Stefano Neri hat es im Zuge unserer Partnerschaft immer besser verstanden, die akustischen Klänge mit rockigen Elementen zu vermischen." Dennoch geht Pippo neue Wege und trennt sich von dem Arrangeur.

1998
Pippos erste Maxi-Single „Ken" kommt in Italien auf den Markt.
Die Feuilleton-Redaktion der Münchner Abendzeitung zeichnet wöchentlich außergewöhnliche Leistungen auf kulturellem und kulturpolitischem Gebiet mit dem „Stern der Woche" aus. Für die Woche vom 7. bis 13. Februar heißt der Gewinner für sein Konzert im Schlachthof: Pippo Pollina und Band.

1999
Auf der CD „Rossocuore" (Rotes Herz) sind die Lieder an literarische Werke angelehnt, zum Beispiel „Unterm Rad" von Hermann Hesse.

2000
Pippo veröffentlicht seine achte CD in 14 Jahren. Zwei Lieder auf „Elementare Watson" spielt er mit dem „London Session Orchestra" ein.

2001
Die CD „Versi per la liberta" mit einer Auswahl bereits veröffentlichter Stücke erscheint in Italien.

2002

Auf der gemeinsamen „Insieme"-Tour mit Linard Bardill durch die Schweiz bleibt selten ein Besucherplatz leer. Wegen des großen Erfolges veröffentlichen die beiden Freunde eine Live-CD mit gleichnamigem Titel.

2003

Mit dem Palermo Acoustic Quartett stellt Pippo seine CD „Raconti Brevi" (Kurzgeschichten) vor. Auf der CD ist auch das traditionelle Lied „Bella Ciao" in zwei Versionen zu hören, das Pippo mit Musikern einspielt, die unter anderem aus der Ukraine, Italien, Ägypten, Zypern und Griechenland kommen. Die Tour durch Deutschland, Österreich, der Schweiz und Italien umfasst 170 Auftritte.

2004

Der Schweizer Regisseur Walo Deubler verpflichtet Pippo als Hauptdarsteller im Film „Ricordare Anna", für den Pippo auch die Filmmusik komponiert.

Vor einem Open Air-Auftritt in Koblenz rammt ein Autofahrer den Tourbus. Während einige Musiker ins Krankenhaus müssen, spielt Pippo das Konzert solo.

In Faenza in der Nähe von Rimini spielt Pippo seine erste Live-CD ein. Insgesamt ist es seine zwölfte CD, die...

2005

...mit dem Titel „Bar Casablanca" erscheint und die Pippo auf einer Tour durch Deutschland, Österreich, die Schweiz und Italien vorstellt. Mit den Aufnahmen beginnt für Pippo die vierte Phase seines Schaffens. Erstmals arrangiert er seine Lieder selbst.